작은 시작의 힘

SMALL
START
BIG
RESULTS

필리프 바르트 지음
이미영 옮김

어떤 목표든 끝까지 완성하게 만드는

작은시작의힘

와이즈맵

옮긴이 | 이미영

성신여자대학교 독어독문학과를 졸업하고 이십 년간 여러 외국계 회사에서 통번역 업무를 맡았다. 글밥 아카데미 출판번역과정을 수료하고 현재 바른번역 소속 번역가로 활동하고 있다. 《작은 불씨는 어디에나》, 《데미안》, 《다섯 아이와 모래요정》, 《설득》, 《에드거 앨런 포 소설 전집》(공역) 외 많은 책을 우리말로 옮겼다.

작은 시작의 힘

초판 1쇄 인쇄 2020년 4월 5일
초판 1쇄 발행 2020년 4월 10일

지은이 | 필리프 바르트
옮긴이 | 이미영

발행인 | 유영준
편집부 | 오향림
디자인 | this-cover.com
발행처 | 와이즈맵
출판신고 | 제2017-000130호(2017년 1월 11일)

주소 | 서울시 강남구 봉은사로16길 14, 나우빌딩 4층 쉐어원오피스(우편번호 06124)
전화 | (02)554-2948
팩스 | (02)554-2949
홈페이지 | www.wisemap.co.kr

ISBN | 979-11-89328-27-6 (03190)

이 도서의 국립중앙도서관 출판예정도서목록(CIP)은 서지정보유통지원시스템 홈페이지(seoji.nl.go.kr)와 국가자료 공동목록시스템(www.nl.go.kr/kolisnet)에서 이용하실 수 있습니다. (CIP 제어번호 : CIP2020010762)

모든 것은 아주 작은 시작부터

이 책을 집어 들고 펼쳐서 읽기 시작하다니 축하한다! 책을 읽기 시작하는 게 별일 아닌 것처럼 여겨질 수도 있겠지만 생각보다 그리 쉬운 일만은 아니었을 것이다. 그렇지 않은가? 이 책을 쓰기 시작한 나도 스스로 칭찬할 여지가 있다. 우리에게는 언제나 그랬듯이 어떤 일이건 시작하기까지 계획을 미루거나 아예 포기해버릴 꽤 그럴듯한 이유들이 생기기 마련이니까. 예를 들어 당신은 이렇게 생각했을 수도 있다. '또 책을 읽어야 해? 아직 다 읽지 못한 책들도 잔뜩 밀려 있는데' 혹은 '좋아. 주제가 흥미로운 것 같긴 한데… 이런, 두꺼운 책을 읽을 시간이 없네. 언제 읽어야 하지? 어쨌든 오늘은 안 돼! 내일 다시 생각해봐야지'라고 말이다.

시작을 가로막는 이유는 항상 존재한다.

내게도 오늘이 아니라 내일부터 책을 쓰기 시작해야 할 이유들이 있었을 것이다. 가령 시간이 이유가 될 수도 있다. 내가 이 글을 쓰는 노트북이 방금 밤 11시 32분을 가리켰다. 나는 이렇게 혼잣말을 할 수도 있었을 것이다. '자, 이만하면 충분해. 내일도 있잖아. 게다가 원고를 넘겨야 하는 마감은 6개월 후니 시간이 아직 한참 남았다고. 그런데 뭣 때문에 오늘 시작해야 하지? 대체 왜 다들 미루지 않는 태도가 항상 옳은 것처럼 말하는 거야?'

왜 꼭 오늘이어야 하고 내일은 안 되는 걸까? 이 질문에 대한 답은 간단하다. 시작하는 습관을 가진 사람들이 다른 사람보다 더 많은 것을 이루어내기 때문이다. 그들은 더 능률적이고, 더 신속하며, 더 많은 성공을 거둔다. 무엇보다 삶에 대한 만족도가 더 높다. 자기 자신을 극복하고 자신이 세운 계획을 통제하며 매일 조금씩 성장하는 것은 기분 좋은 일이다. 스스로 자유롭게 결정할 줄 아는 것 또한 기분 좋은 일이다. 자유의 반대는 예속이다. 누군들 변화와 성장을 가로막는 내면적 힘의 노예가 되고 싶겠는가? 그런 힘은 우리의 잠재력을 저지하고 스스로 원하는 존재가 될 수 없도록 방해한다. 우리를 함정에 빠뜨려 실패하게 만들고(극단적으로 말해) 결국 우리의 인생을 망친다.

이 책에서 나는 당신과 함께 여행을 떠나고 싶다. "그래! 지금 당장 시작하는 거야!"라는 사고방식을 확실한 습관으로 만들 수 있는 방법을 함께 찾아내보자. 아주 후련한 기분을 느끼게 될 것이다!

누구에게나 미루는 습관은 있다

어쩌면 당신은 이제 나를 시작하는 법에 통달한 사람으로 여길지도 모르겠다. 어쨌든 시작하는 법에 대한 책을 썼으니까. 사실 꼭 그렇지만은 않다. 나도 번번이 나 자신과 싸우는 중이다. 솔직히 말해, 시작하는 것은 정말 진짜로 어렵다.

모든 계획은 첫걸음을 내딛는 것으로 시작한다. 하지만 그 첫걸음이 제일 어려운 것이기도 하다. 걸음을 떼기도 전부터 우리는 곧잘 길을 돌아가기도 하고 괜히 엉뚱한 짓으로 꾸물대기도 한다.

'모든 시작은 어렵다'라는 속설이 있다. 맞는 말이다. 계획도 마찬가지다. 계획을 실천하는 것도 그렇지만 세우는 일조차 쉽지 않을 때가 많다. 책 읽기, 공부, 다이어트, 숙제, 방 청소, 헬스클럽 가기 등등 모든 일이 해당될 수 있다. 결국 비겁함에 무릎을 꿇고 또다시 시작을 미룰 때의 기분은 누구에게나 익숙하다. 그리고 마침내 계획을 실행하기까지 놀라울 만큼 오랜 시간이 걸릴 때가 많다. 막상 시작하는 데에는 몇 분밖에 걸리지 않으면서 말이다. 우리가 주저하며 보낸 시간과 막상 시작하는 데 걸린 시간을 비교하면 정말 부조리해 보인다. 몇 주 동안 과제를 미뤄가며 양심의 가책에 시달리다가 단 몇 분 만에 시작해버리는 경우가 자주 있다. 이성으로는 이런 태도가 얼마나 불합리한지 이해하면서도 우리는 그런 자신을 극복해내지 못한다.

> 우리는 언젠가 해야 할 걸 알면서도
> 미루고 미루면서 양심의 가책을 느낀다.
> 왜?

왜 그럴까? '모든 게으른 사람은 내일부터 한다고, 오늘만은 안 된다고 말한다'라는 말이 왜 아직도 유효한 걸까? 그 이유는 우리 가 '인간'이기 때문이다. 편한 길을 선택하는 것도 인간의 성향이 고, 게으름을 피우는 것 역시 인간의 성향이다. 인간은 누구나 아 무것도 바꾸지 않고 그대로 두는 것을 가장 좋아하며 개혁에는 일 단 회의적으로 맞선다. 간단히 말해, '미루는 습관'은 우리 인간이 가지고 태어난 본능이다. '미루다'라는 뜻의 'procrastinate'가 '견디 다'를 뜻하는 라틴어 'procrastinare'에서 유래한 것은 괜한 일이 아 니다. 미루는 습관은 인간의 선천적 기질에 속하며 항상 우리와 동 행해왔다.

이 습관은 우리가 잠재력을 맘껏 발휘하지 못하도록 방해한다. 유독 당신에게만 그런 게 아니라 모든 인간에게 그렇다. 그러니 미 루는 습관을 가졌다고 해서 자신을 탓하지 않아도 된다. 아니, 전 혀 그럴 이유가 없다. 당신처럼 다른 모든 이들도 이 문제로 골치 를 앓는다. 미루는 습관에서 벗어날 수 있는 법을 터득한 사람은 소수에 불과하다. 하지만 이 책을 대충 훑어보는 게 아니라 정말 제대로 읽는다면 당신도 그 방법을 터득할 수 있다. 다행히 미루는 습관은 누구나 고칠 수 있기 때문이다.

누구나 미루는 습관 때문에 고생한다.
이 책은 당신의 그 병을 치유할 약이 되어줄 것이다.

그 사이에(아, 이건 정말 우연이다) 정확히 자정이 되었다. 컴퓨터에 '00:00'라고 뜬다. 기분이 좋다. 사실 약간 피곤하지만, 만족스럽기도 하다. 나는 매일 세 장씩 원고를 쓰기로 계획을 짜두었다. 그리고 지금 나는 벌써 5쪽까지 왔다. 물론 첫 번째 쪽은 목차이고 두 번째 쪽은 장제목만 나온다는 점은 인정한다. 하지만 당신은 이런 작은 속임수가 뭔가 시작하는 데에 놀랄 만큼의 영향을 초래한다는 사실을 곧 알게 될 것이다. 0시 5분. 시작을 마쳤으니 나는 이쯤에서 작별을 고하고 잠자리에 들어야겠다.

차례

4장. 정신을 '집중'하라 산만함을 제거하는 무기

5장. '아주 작게' 시작하라 지금 시작하기 위한 전략

억만장자이자 투자의 귀재 위런 버핏. 그의 주식 투자는 책에서 만난 '일단 시작하지 않으면 절대 성공할 수 없다'라는 짧은 문장에서 시작됐다. 11살이었던 위런 버핏이 첫 투자에서 거둔 수익은 단돈 '6달러'에 불과했다. 하지만 그는 조금도 실망하지 않았다. 그것은 전설적인 투자 인생의 '작은 시작'일뿐이었기 때문이다.

1장

'시작' 앞에
망설이는 이유

미루는 습관의 유혹

작은 일을 소중히 여겨라.
모든 것은 사소한 일에서
출발한다.
씨앗이 하늘을 찌르는
큰 나무가 되는 것을 보라.
행복도, 불행도, 성공도,
실패도 다 그 처음은
조그만 일에서 시작된다.

-랠프 월도 에머슨

미루는 습관은 어떻게
우리를 조종하는가

모든 움직임에는 에너지가 필요하다. 그 때문에 인간은 될 수 있는 한 적게 움직이려는 경향을 보인다. 에너지를 많이 잃을수록 자신의 생존이 위협에 처할지도 모르기 때문이다. 이제 당신은 자신이 최근 규칙적으로 식사했고, 냉장고에도 음식을 가득 채워두었다며 이의를 제기하고 싶을 것이다. 게다가 틀림없이 그리 멀지 않은 곳에 슈퍼마켓이나 빵집이 있을 것이다. 따라서 에너지 공급에는 전혀 문제가 없다. 모두 맞는 말이다.

하지만 당신의 체세포를 생각해보라! 우리의 유전자는 석기시대 이후로 거의 변화하지 않았다. 우리는 진화에서 성공적이라고 판명된 프로그램을 여전히 무의식적으로 따른다. 이것은 우리가 바꿀 수 있는 것이 아니다. 간단히 말해, 인간은 에너지를 아끼고, 게으름을 피우고, 빈둥거리려는 성향을 지녔다.

> 석기시대에 게으름은 곧 에너지를 아끼는
> 영리한 태도였지만,
> 오늘날에는 결코 그렇지 않다.

분자생물학자이자 진화의학자인 데틀레프 간텐Detlev Ganten 교수
는 일간지 〈디 벨트Die Welt〉와의 인터뷰에서 이 주제를 다음과 같
이 요약했다.

'게으름도 우리에게 내재한 진화적 성질인 것으로 추정됩니다.
게으른 사람은 일을 처리하기 위해 가장 간단한 길을 찾죠. 그런
점에서 게으름은 진화적으로 관찰되는 지능의 한 형태이기도 합니
다. 확실히 게으름은 에너지를 아끼는 것을 뜻합니다. 궁핍했던 조
상들의 시대에는 에너지를 많이 소모하지 않고도 살아남아 자손을
번식시킨 사람이 가장 훌륭히 적응한 사람이었습니다. 우리 사회
에서 이 기능은 제한적이기는 해도 여전히 중요합니다.'[*]

모든 것이 있는 그대로 머물고자 하는 것은 자연법칙이나 마찬
가지이다. 이런 현상은 신체 계통에서부터 시작된다. 체온과 혈압
은 안정적으로 유지되어야 하며 변화는 결코 바람직하지 못하다.
우리는 정상모드에 있고 이를 유지하고 싶어 한다. 이것을 항상성
이라고 한다(Homeostasis). 이러한 특성 때문에 변화하고자 할 때 우
리는 철저한 계획과 준비를 필요로 한다. 한 번 받은 자극으로는

---

[*] Manuel Opitz, 'Unser Körper taugt nicht für diese moderne Welt', <Die Welt>, 9.4.2013,
https://www.welt.de/wissenschaft/article115126406/Unser-Koerper-taugt-nicht-fuer-diese-
moderne-Welt.html

절대 변화가 이루어지지 않는다. 변화는 오랜 기간에 걸쳐 우리 일상에 단단히 고정되었을 때에만 지속된다. 그제야 습관이 되어 거의 자동적으로 실행될 수 있다.

달갑지 않겠지만,
미루는 습관은 나 자신만큼이나 영리하다.

우리는 이 책을 읽는 동안 핵심 요소인 '시작'이 변화 과정에 계속 등장한다는 사실을 알게 될 것이다. 우리는 끊임없이 새롭게 시작해야 한다. 그리고 더 작고, 더 쉽게 시작하기 위한 전략과 요령을 알고 있는 것은 매우 중요하다.

변화를 거부하는 본능

미루는 습관은 '모든 것은 있는 그대로 머물러야 한다'고 믿는 현상유지의 수호자다. 이 알 수 없는 힘의 임무는 '지금 아무것도 하지 않고, 에너지를 소모하지 않도록' 우리의 정신을 설득하는 것이다. 이때 미루는 습관은 대단히 영리하고 교묘하게 작용한다. 어쨌든 나 자신의 일부인 미루는 습관은 우리를 두 배로 힘들게 한다. 우리가 우리 자신과 겨뤄야하는 셈이기 때문이다.

우리의 적은 거울에 비친 어두운 자기 모습이다. 상대는 우리만큼 창의적이며 우리를 누구보다 정확히 알고 있다. 우리는 적에게 아무것도 속일 수 없다. 적의 가장 중요한 능력은 완벽히 숨어버릴 수 있다는 것이며 우리가 자신을 알아차리지 못할 때를 제일 좋아한다. 우리에게도 적이 발견되지 않고 인식되지 않은 상태일 때 가장 위험하다. 따라서 적을 무력화하기 위한 첫 단계는 적어도 그것을 인식하고 드러내는 것이다. 존재하는지도 모르는 상대와 어떻게 싸울 수 있겠는가?

미루는 습관을 없애는 연습

자, 그럼 이제부터 120분 동안 한 가지 연습을 해보자. 물론 이 연습은 꽤 힘들 것이고 당신에게 몇 가지 사항을 요구할 것이다. 당신은 연습에 성공할 수 있도록 매순간 완전히 집중해야 한다. 나는 이 연습을 14일 동안 매일 저녁 실행해보라고 권한다. 당연히 이 연습은 도전이나 마찬가지이다. 하지만 당신이 열심히 노력해서 정말로 실행하고 나면… 잠깐! 알아챘는가? 이 힘든 연습을 마쳐야 한다는 말을 듣고 주저하는 마음이 생긴 것을 느꼈는가? 내면의 저항이 있었는가? 그런가? 좋다. 그렇다면 당신은 방금 미루는 습관을 의도적으로 체험한 것이다. 걱정 말고 안도의 숨을 쉬어도 된다. 그런 연습은 없으니까. 당신의 내적 저항을 유발해줄 작은 속임수였을 뿐이다. 정신 나가지 않고서야 내가 당신에게 120분 내내 정신을 집중하라고 요구하겠는가. 게다가 14일 동안! 그런 일에 참여할 독자는 어디에도 없다. 당연히 나도 하지 않을 것이다. 하지만 당신은 미루는 습관이 어떻게 나타나는지 깨달았을 것이다. 미루는 습관은 힘과 수고를 필요로 하는 모든 것을 공격한다. 가끔 노골적이고 공격적일 때도 있지만, 대개는 영리하게 숨은 채로 좀처럼 눈에 띄지 않는다. 따라서 당신은 아무 대책 없이는 미루는 습관과 직접 맞설 수 없다.

미루는 습관의 영원한 임무

앞서 언급한 바와 같이 미루는 습관은 당신의 일부이다. 이것을 악으로 보는 것은 주제에 부합하지도 않고 장기적으로 추천할 만하지도 않다. 미루는 습관은 불쾌한 이웃 정도로 여기는 것이 좋다. 이 이웃은 당신의 뇌리에 박혀있어 쉽게 벗어나지도 못한다. 따라서 당신은 그를 이해하는 법을 배워야만 한다. 이웃이 당신에게 무언가를 말하고 싶어 하면 공손히 귀를 기울여라. 하지만 수많은 천재적 위장술에 사기 당하는 실수는 저지르지 마라. 그렇다. 사실 이 불쾌한 이웃은 늘 기발한 방법으로 정체를 숨긴 채 *지금* 아무것도 하지 말라고 당신을 설득한다. 이탤릭체로 쓰여 이미 당신의 주목을 끌었을지도 모를 '지금'이라는 단어 또한 이 고찰에서 중요하다.

> 미루는 습관은 당신만큼이나 영리하고
> 놀라울 만큼 설득력 있다.

불쾌한 이웃을 극복해내기 위한 좋은 전략은 그 이웃이 누구이며, 무엇을 원하고, 왜 그것을 원하는지 절대로 잊지 않는 것이다. 한 번 더 확실히 말해두자면, *지금* 아무것도 하지 않기 위해 늘 수

많은, 아주 훌륭하고 꽤 설득력 있는 이유를 제공하는 것이 곧 미루는 습관의 영원한 임무이다. 아무것도 하지 않으면 몸은 에너지를 절약해 더 오래 살 수 있기 때문이다. 몸이 더 오래 살기 위해 에너지를 아끼고 싶어 한다는 말에 당신은 흐뭇한 미소를 지을지도 모르겠다. 그렇다. 수천 년 전이라면 이 태도가 의미심장했겠지만, 현재에는 전혀 영리한 태도가 아니다. 따라서 오늘날의 미루는 습관은 논리적으로 맞지 않다. 다만 문제는 우리의 유전자가 아주 오랜 세월에 걸쳐 미루는 습관이 들도록 설정되었다는 점이다. 간단히 말해, 이번 생에서 당신은 미루는 습관을 없애지 못한다.

당신을 망치는 달콤한 속삭임

미루는 습관이 *지금* 아무것도 하지 말라고 얼마나 지능적으로 우리를 설득하는지 몇 가지 예를 들어보겠다. 미루는 습관은 우리에게 다음과 같이 속삭인다.

"그래, 네가 다 옳아. 넌 정말로 이 프로젝트를 시작해야 해. 이게 아주 의미 있는 일이고 네가 오래 전부터 계획해온 일이라는 데에 동의해. 그러니 아침 일찍 자리에 앉아 속력을 내야지! 하지만 지금은 아니야. 지금 막 재미난 드라마가 시작했다고."

"그래 친구, 네가 정말로 더 건강한 음식을 먹기 시작해야 한다는 데에 전적으로 동감해. 그럼, 물론이지! 하지만 오늘 아침은 적당하지 않아. 맙소사! 넌 곧 출발해야 하잖아! 건강에 좋은 뮤즐리를 만들려면 15분이나 걸린다고? 사무실에 지각하고 싶은 건 아니지? 지금 출발해 빵집에서 맛있는 빵을 사는 거야. 마지막으로 맛난 크루아상을 먹는 거지. 주말에 잔디를 깎았으니 넌 충분히 그럴 자격이 있어. 뭐가 문제야. 내일부터는 몸에 좋은 음식을 먹고 건강에 좋은 뮤즐리를 만들면 되지. 하지만 오늘은 안 돼. 오늘은 아무래도 어렵겠어."

"훌륭해! 드디어 자신을 이겨내고 일을 시작하기 위해 컴퓨터 앞에 앉았구나. 아주 좋아! 네가 정말 자랑스러워. 정말 멋지게 성공했어. 대단해! 그래, 아주 멋지기는 한데… 시작하기 전에 페이스북과 인스타그램에 새로운 것이 올라왔는지 다시 한 번 확인해봐. 잠깐이면 되잖아. 애나가 휴가 때 찍은 사진을 올린다고 하지 않았어? 슈테판도 화요일 저녁에 있었던 일을 알려준다고 했잖아. 당장 확인해보는 게 좋겠어."

미루는 습관이 얼마나 영리하고, 세심하고, 상냥하게 당신과 대화하는지 깨달았는가? 언뜻 보기에 미루는 습관은 우리 생각에 동의하고, 심지어 우리를 도와주려는 듯 보이기까지 한다. 이것은 미루는 습관이 우리로부터 친구로 인정받기 위해 가장 애용하는 속임수다. 하지만 실제로 그런 태도는 우리가 지금 뭔가를 시작하는 걸 방해하기 위한 노련한 책략에 불과하다.

시작을 가로막는 방해꾼

이 장에서는 우리가 정식으로 활동을 개시하지 못하게 저지하는, 이 보이지 않는 방해 요소의 정체를 밝혀냈다. 왜 미루는 습관이 기를 쓰고 우리를 *지금* 아무것도 못하도록 막으려는지 알게 되었다. 미루는 습관이 얼마나 영리하게 우리를 속이려 드는지도 살펴보았다.

앞으로 어떻게 하면 우리가 선수를 칠 수 있는지, 심지어 적의 무기로 적에게 역공을 가할 수 있는지에 대한 다양한 방법을 이 책을 통해 설명하게 되어 기쁘다. 당신에게 이 해결책들을 소개하고 싶어 안달이 날 지경이다. 마음 같아서는 당장 시작했으면 좋겠다. 하지만 구체적인 개별적 방안들을 살펴보기 전에 우선 저항을 계획할 수 있을 만한 탄탄한 토대가 필요하다. 그와 동시에 다음과 같은 질문들도 다루어야 한다.

'우리는 왜 저항해야 하는가?'

'우리가 온 힘을 다해야 하는 이유는 무엇인가? 우리에게 동기를 부여하는 것은 무엇인가?'

'우리를 부추겨 에너지를 쓰고 지금 당장 시작하게끔 하는 것은 무엇인가?'

2장

명확한
'목표'를 가져라

상상이 현실이 되는 힘

먼저 올라야 할 산을 정하고
'10년 후에 이렇게 될 것이다.
30년 후에 이렇게 될 것이다'
라는 명확한 기한을 정하고
그때의 이미지를 철저하게
머릿속으로 그려야 한다.

-손정의

반드시 이루고 싶은 미래를 그려라

다음 장에 도착한 것을 환영한다. 당신은 2장의 내용이 꽤 유용하다는 것을 이제 곧 알게 될 것이다. 이 장에서는 일상생활에서 요긴하게 활용할 수 있는 조언과 정보를 제공할 것이다. 내가 일부러 처음에 이런 약속을 하는 것은 당신에게 약간의 동기를 부여하고, 동기부여가 본질적으로 어떻게 작용하는지에 대한 원칙을 설명하기 위해서다. '동기부여'는 이렇게 저렇게 하면 삶이 더 좋아진다는 약속이다. 사고 과정은 단순하다. 그것을 하면 저런 일이 일어난다는 것이다. 아, 물론 약속은 믿을 만해야 한다. 그렇지 않으면 미루는 습관 때문에 흔들리는 마음을 다잡지 못하고 시작하지 못하게 될지도 모른다.

> 당나귀를 움직이게 만들려면
> 움직일 만한 이유가 있어야 한다.
> 가령 눈앞에 놓인 당근처럼.

　모든 인간을 고집 센 당나귀에 비유해보자. 우리 인간은 본능적으로 노력하는 것을 원하지 않는다. 가만히 머물러 있으면서 아무것도 하지 않는 것을 더 좋아한다. 따라서 우리를 움직이게 하려면 동기를 부여하는 존재가 반드시 필요하다. 가령 눈앞에 매달린 당근처럼.

　아마도 당신은 끈에 매달려 눈앞에서 이리저리 흔들리는 당근을 바라보는 당나귀의 모습을 알고 있을 것이다. 당나귀는 당근을 먹고 싶어 움직인다. 이 점이 중요하다. 우리에게는 당근이 필요하다. 움직여야 할 충분한 이유 말이다. 달리 표현하자면 우리는 동기를 부여하는 무언가, 움직임을 유발할 만큼 강한 에너지를 주는 무언가가 필요하다. 그것이 바로 '목표'다. 당나귀에게 있어 목표는 당근을 먹는 것이다. 목표란 '나는 그것을 해야만 한다'에서 '나는 그것을 하고 싶다'로 인식을 바꾸는 것이다.

동기부여의 힘

　나를 예로 들어 시작해보자. 나는 독일 최고의 광고 대행사인 '융 폰 마트Jung von Matt'에서 13년 동안 일했다. 그곳에서 십수 년간 광고 기획자로서 팀원의 창의력을 최고치로 끌어올리고, 그에 상응하는 동기를 부여하는 업무를 맡았다. 광고 기획자의 큰 목표는 다음 세 가지를 충족시키는 캠페인을 벌이는 것이다. 첫째, 광고는 광고주가 상품을 파는 일을 도와야 한다. 둘째, 캠페인은 재미있어야 한다. 그리고 셋째, 대가를 받아도 될 만큼 매우 기발하고 인상적인 아이디어여야 한다. 광고 업종에는 수많은 국내외 경쟁업체가 있으며 그 중에서 가장 창의적이고, 영리하고, 흥미로운 광고 캠페인이 두각을 드러내게 마련이다.

독일에서 가장 중요한 광고 행사인 'ADC 페스티벌'에는 매년 약 7,000개의 아이디어가 응모돼 경쟁한다. 응모된 아이디어 중 10퍼센트만이 상을 받고 90퍼센트는 빈손으로 돌아간다.

광고 기획자가 훌륭한 아이디어를 내도록 동기를 부여하는 것은 캠페인을 통해 매출이 늘어나면 광고주가 얼마나 기뻐할 것인지에 대한 이야기를 늘어놓는 것이 아니다. 그것도 반가운 일이기는 하지만, 광고 기획자는 이익 배당에 참여하지 않는 만큼 그런 일이 폭발적으로 동기부여를 일으키지는 않는다. 사장이 그를 자랑스러워한다거나 고객사에 멋진 캠페인을 제공한 덕분에 회사의 기반이 확고해졌다는 사실도 그를 움직이기에는 부족하다. 광고 기획자를 움직이는 당근은 바로, 자신이 창작한 캠페인의 수상과 업계사람들로부터 축하를 받는 것이다.

| 동기부여는 개인의 욕망을 자극하는 것이다.

거대한 홀에서 박수갈채가 쏟아지는 가운데 유명한 사회자의 호

명을 받고 무대 위에 올라 트로피를 받는 장면은 유혹적일 수밖에 없다. 그 장면은 완벽한 인정을 뜻하며 자아에도 영합한다. 권위 있는 상을 타면 틀림없이 연봉도 끌어올릴 수 있다. 즉, ADC 페스티벌이나 칸 국제광고제에서 찬란한 우승자로 무대에 설 수 있다는 약속을 통해 우리는 광고 기획자들에게 동기를 부여할 수 있다는 말이다.

대다수 광고 회사는 직원들에게 광고제 참가 티켓을 제공한다. 직접 수상을 체험하는 것보다 강력한 동기부여는 없기 때문이다. 광고업계에서 상은 마약과도 같아 광고인들은 상에 중독되기 쉽다. 그들은 적절히 동기가 부여되었을 때 인간의 정신력이 어디까지 높아질 수 있는지를 보여주는 훌륭한 본보기이다.

실현 가능한 미래상을 설정하라

자신에게 물어보자. 나는 무엇을 소망하는가? 나에게 있어 꿈처럼 멋진 상황이란 무엇일까? 나 자신을 이겨내고 지금 당장 시작할 수 있을 만큼 내게 강력한 동기를 부여하는 것은 무엇일까?

당신의 미래상을 선택하는 일은 야망과 실현 가능성의 적절한 배합에 달려있다. 야망을 가져라. 크게 생각해라. 학술지 〈소비자 조사 저널Journal of Consumer Research〉에 실린 한 연구에 의하면 실현 가능하면서도 높은 목표를 설정한 사람이 낮은 목표를 설정한 사람보다 더 행복하다는 사실을 증명해냈다.

당신의 야망을 자극하라.
야망에 방향을 제시하고
그 방향으로 나아가는 모습을 지켜봐라.

사장이 당신을 인정하며 고개를 끄덕여주고 사탕 한 개를 슬쩍 쥐어주는 것이 당신이 꿈꾸는 장면이라면 내게는 별로 야심 차 보이지 않는다. 혹은 사장이 당신을 반갑게 끌어안고 후하게 보상할 뿐만 아니라 심지어 후계자로 삼고 싶어 하는 모습은 거의 실현 가능성이 없어 보인다. 당신이 정말로 이룰 수 있다고 믿을 만한 꿈을 찾아라. 프랑스의 군인이자 군사 이론가인 페르디낭 포슈Ferdinand Foch가 말했듯이 세상에서 가장 강력한 무기는 '인간의 불타오르는 영혼'이기 때문이다.

꿈을 실현하는 과정을 당신이 직접 제어해야 한다는 점에 유의하라. 당신은 혼자 힘으로 꿈을 실현할 수 있어야 하고, 그러기 위해 운 좋은 발견이나 외부의 도움을 기대해서는 안 된다. 예를 들어 자기 신체를 단련하는 것은 가능하다. 모든 종류의 긍정적 생각과 능력, 계획을 추구하는 것도 가능하다. 하지만 복권 당첨은 자기 힘으로 해낼 수 있는 일이 아니다. 당신이 직접 영향을 미칠 수 있는 목표만 세워라!

이와 관련된 흥미로운 이론이 '매슬로의 욕구 피라미드Maslow's Hierarchy of Needs'이다. 미국 심리학자 에이브러햄 매슬로Abraham Maslow의 가정에 따르면 인간은 무엇보다 먼저 자신의 기본 욕구를 만족시키고 싶어 한다. 따라서 먹기, 마시기, 잠자기 같은 생리적 욕구는 피라미드의 맨 밑에 있다. 그런 다음 주거와 고용 같은 안전 욕구가 나온다. 이 욕구들이 채워지고 나면 인간은 우정, 사랑, 소속감 따위의 사회적 욕구에 관심을 기울인다. 그 위에는 인정이나 명성 같은 존경 욕구가 자리한다. 마지막으로 욕구 피라미드의 정점을 차지하는 것이 '자아실현'이다. 이 피라미드에서 당신의 꿈은 어디에 놓여있는가?

당신이 꿈꾸는 모습을 상상해보자. 이제 당신은 모든 감각을 동원하려고 할 것이다. 그래야 상황이 훨씬 더 사실적으로 그려지고 기억에 잘 남기 때문이다.

- 무엇이 보이는가?
- 무엇이 들리는가?
- 특별한 냄새가 나는가?
- 손에 무언가를 쥐고 있는가? 무언가를 만지고 있는가?
- 어떤 느낌이 드는가?
- 온도는 어떤가?

세세한 부분에 주의를 기울이면 장면이 훨씬 더 입체적이 된다. 그림을 그릴 때와 마찬가지로 세부적인 것을 더 많이 첨가할수록 미래상은 뚜렷해진다. 미래상을 갖기 위해서는 우선 두 가지가 필요하다. 바로 '상상력'과 '시간'이다. 특히 시간을 충분히 할애하라. 급하게 대충 그린 그림은 조용히 심사숙고하여 그린 그림만큼 강한 영향력을 미치지 못한다.

> 더 많은 감각을 불러들일수록
> 미래상은 당신에게 더 생생히 다가올 것이다.

그리고 또 하나 중요한 것은 어제 생각한 미래상을 새로운 미래상과 교환하는 것을 두려워하지 않아야 한다는 점이다. 자신에게 동기를 부여하는 꿈은 많이 가져도 된다. 관건은 눈앞에 있는 '꿈'이라는 당근이 당신을 움직이게 할 만큼 충분히 강력해야 한다는 사실이다. 당신이 눈앞에 두세 개의 당근을 두고 있다면, 그만큼 더 좋다. 하지만 당근이 너무 많아서도 안 된다. 그러면 통찰력을 잃어버릴 테니까.

예를 들어 한 연구자가 아주 획기적인 물질을 발견하는 장면을 그려본다고 가정하자. 그는 자신의 발견을 설명하기 위해 기쁨에 찬 표정으로 동료의 사무실로 급히 뛰어 들어가는 모습을 상상할 수 있을 것이다. 자신의 발견이 환자들을 치료하는 데 기여하게 된다면 어떨지 그려볼 수도 있을 것이다. 두 가지 시나리오 중 어떤 것이 더 마음에 드는가? 가장 좋은 방법은 당신의 직관에 따라 편안하게 느껴지는 장면을 목표로 정하는 것이다.

이제 미래상에 좀 더 정확히 초점을 맞춰보자. 언제까지 이 꿈을 실현하고 싶은지 확실히 정하라. 야심차면서도 현실적인 시점을 생각한 후 당신의 미래상과 그것을 언제까지 달성하기로 결심했는지 기록하라. '나는 운동을 더 많이 하고 싶다'는 부정확한 목표다. 그에 반해 '나는 8월 23일에 개최되는 지역 마라톤에 참여한다'는 분명하고 구체적이다.

가능한 구체적이 되어라.
분명하게 못 박아라.
탈출구를 열어두지 마라.

가능한 구체적으로 당신의 미래상을 기술하라. 그리고 현재 시제를 사용해 적어라. '나는 이러저러한 것을 체험할 것이다'가 아니라 '지금 나는 이러저러한 것을 체험한다'라고 적어야 한다. 현재 시제로 쓰고 나면 미래 시제로 쓸 때보다 막연함은 줄어들고 미래상이 훨씬 더 깊이 머릿속에 각인된다. 여유를 가지고 천천히 하라. 솔직히 말해, 당신이 이 과제를 서둘러 끝내버린다면 미래상 역시 금세 다 잊어버릴 수 있다!

세부 사항들을 생각하라. 가능하면 모든 감각을 동원하라. 미래상을 한 번에 완성해서는 안 된다. 예를 들어 당신의 상상을 컴퓨터에 저장해놓고 생각날 때마다 그 상상을 보완해나가는 것이 제일 좋다. 한 장면을 적는 것도 좋고, 짧은 이야기를 쓰는 것도 좋다. 이야기는 기억에 훨씬 더 잘 남기 때문이다. 하지만 짧고 단순해야 한다. 복잡하고 긴 이야기는 소용없다. 이해를 돕기 위해 잠시 후 구체적인 예를 들어 살펴볼 것이다.

다 되었으면 기록을 인쇄해 봉투에 넣든지 폴더나 서류철에 모아둔다. 그림을 잘 그릴 수 있으면 스케치를 그려 보충하라. 당신의 꿈을 시각화할 수 있는 것이면 무엇이든 좋다. 문장, 그림, 신문 기사 스크랩, 사진 등 무엇이든. 확실히 정해진 미래상을 가능하면 늘 휴대하는 습관을 길러라.

당신의 미래상을 기록으로 남겨라.
그렇지 않으면 잊어버리거나 점차 희미해질 것이다.

상황을 글로 적을 재능이 없는가? 글쓰기를 싫어하는가? 기껏해야 엽서 한 장 정도 쓰는 것이 전부인가? 좋다, 그럼 다른 길로 가면 된다. 눈을 감고 당신에게 동기를 부여할 만한 상황을 상상하라. 당신이 바라는 미래상을 머릿속으로 상상할 때 마치 영화처럼 당신이 바라는 대로 모든 일이 진행되게 하라. 당신이 감독이다. 당신이 모든 것을 결정한다. 여기에서도 영화가 더욱 사실적이 되도록 세부 사항에 신경 써라. 당신의 미래상을 규칙적으로 그려보기 좋은 때는 불을 끄고 침대에 누운 순간이다. 느긋하게 쉬면서 아름다운 장면을 꿈꿔보라.

머릿속에서 뚜렷한 영화를 만들었다면 그것을 기억할 방법을 찾아라. 꿈의 특성을 간략히 보여주는 사진을 구해도 된다. 키워드를 몇 가지 적거나 스케치를 그려도 된다. 무엇을 하든 상관없으니 당신의 미래상을 간직하고 기억할 방법을 찾아라. 미래상을 간직하고 기억하는 것은 정말 중요하다. 밤에 침대에 누워 열심히 미래의 내 모습을 상상해봤더라도 아침에 깨어나면 무슨 일이 일어날지 당신은 정확히 알고 있다. 맞다. 깨어있는 시간이 길어질수록 꿈은 더 불분명해지고 그러다 결국 완전히 사라져버린다.

계획을 오랫동안 보지 않고, 생각하지 않으면
아예 없었던 것처럼 잊힐 것이다.

규칙적으로 당신의 미래상을 떠올리는 것이 중요하다. 적어도 하루에 한 번은 마음에 되새겨라. 우리 인간은 눈에 보이지 않으면 잘 잊어버리고 일부러 노력하지 않는 이상 그것을 떠올릴 시간적 여유도 없기 때문이다. 따라서 미래상을 일상 속으로 끌어들이는 것이 가장 합리적이다. 그렇게 하면 미래상에 몰두하기 위해 따로 노력과 시간을 투자하지 않아도 된다.

예를 들어 당신의 미래상을 컴퓨터 배경화면과 스마트폰 배경화면으로 띄워놓아라. 또는 당신의 꿈을 간단히 표현해줄 문장이나 단어를 컴퓨터와 페이스북, 인스타그램, 트위터 같은 소셜미디어 계정의 암호로 설정한다. 이렇게 하면 그것을 계속해서 입력해야 하기 때문에 시간이 갈수록 당신의 뇌리에 깊이 각인될 것이다.

영화 속 주인공이 된 것처럼

미래상을 그려보는 것에 대해 구체적인 예를 들어보자. 광고 대행사에 다니는 한 기획자가 있다고 가정해보자. 그는 자신의 능력을 최대로 발휘하기 위해 동기를 부여받고 싶어 한다. 요나스 슈비르니코프스키라는 이름을 가진 이 청년은 스물여섯 살의 그래픽 디자이너다. 그는 어떤 꿈을 준비할 수 있을까? 그가 생각하는 미래상은 아마도 다음과 같은 모습일지 모른다.

지금 나는 함부르크 캄프나겔 극장에서 개최되는 ADC 페스티벌 시상식에 앉아있다. 관중석이 아니라 무대 바로 앞 첫 번째 열에 다른 수상자들과 함께 말이다. 사회자인 바르바라 쇠넨베르거(독일의 배우)와 외르크 타데우스(독일의 저널리스트)는 시간이 늦어지는 것을 전혀 신경 쓰지 않는다. 두 사람은 세상의 시간을 모두 가진 듯 농담을 늘어놓는다.

"이제 무엇을 발표할 차례죠, 바르바라?"

타데우스가 아무것도 모른다는 태도로 이렇게 묻는다.

"이번 작품은 여러 부문의 상을 싹쓸이했습니다."

바르바라는 이렇게 설명한 후 손에 쥐고 있는 빨간색 카드를 바라보며 말한다.

"참 유쾌한 캠페인입니다. 베를린 방송탑이 파리 에펠탑과도 약간 비슷해 보인다는 내용을 아주 훌륭히 연출했죠. 적어도 영상 속 일본인에게는 말이죠."

잠깐, 말도 안 돼! 그것은 우리 광고에 나오는 이야기라는 생각이 불현듯 뇌리를 스친다. 내가 낸 아이디어야! 내 아이디어라고! 정신을 차릴 수가 없다. 양손이 간질거리고 심장이 미친 듯이 뛴다. 갑자기 용수철처럼 팽팽해진 느낌이 든다. 몸에 열이 오른다. 이게 얼마나 굉장한 일인가? 별안간 목이 탄다. 입술도 바싹 말랐다. 혀로 입술을 축이자 이상하게도 바다에서 방금 나온 듯이 짭조름한 맛이 난다.

"그럼 이제 이 멋진 아이디어를 내신 분을 무대 위로 모셔보죠. 이 작품으로 동시에 금상 하나, 은상 둘, 동상 하나를 받은 분입니다. 요나스 슈비르니코프스키!"

홀 전체에 환호가 터진다. 옆에 앉은 사내가 내 어깨를 두드리며 무언가를 외치지만, 환호성이 너무 커서 들리지 않는다. 나는 깊이 심호흡을 한 뒤 일어서서 좁은 나무계단이 있는 왼쪽으로 걸어간다. 상을 탔다, 세상에! 무대가 이상하리 만큼 길게 느껴진다. 나는 빠르게 걷는다. 쓸데없이 오래 걸을 필요는 없으니까.

"훌륭한 작품입니다!"

타데우스가 이렇게 말하며 못처럼 생긴 ADC 트로피 네 개를 내 손에 쥐어주고 등을 두드린다.

굉장해! 광고 한 편으로 ADC 트로피 네 개를 동시에 타다니! 나는 믿기지 않는 표정으로 손에 든 트로피를 바라본다. 트로피 길이는 19센티미터 정도이고 두께는 볼펜 두께와 비슷하다. 각 트로피의 맨 윗부분에는 ADC 로고가 새겨져 있다. 스포트라이트 속에서 금색 트로피가 아름답게 반짝인다. 이럴 수가, 사람들이 아직도 박수를 치고 있어! 금상 하나, 은상 둘, 동상 하나를 타다니, 엄청나군! 내 작품이 수상했다는 사실은 알고 있었지만 한꺼번에 그렇게 많은 트로피를 탈 줄은 꿈에도 생각지 못했다. 게다가 금상이라니! 나는 트로피를 위로 번쩍 치켜들고 관중을 향해 환하게 웃는다.

내가 은밀한 신호라도 준 듯이 순식간에 카메라 플래시가 터지고 나는 고개를 돌리지 않기 위해 꾹 참아야만 한다. 관중석을 보고 있지만 빛이 너무 강해 거의 아무것도 알아볼 수가 없다. 무대 위에서 스포트라이트를 받고 있자니 꽤 덥다. 아니면 흥분해서 더운 건가? 관중석 왼쪽에서 사람들이 "요나스! 요나스!"라고 연호하는 소리가 들린다. 저건 틀림없이 우리 팀원들일 것이다. 나는 트로피를 꽉 움켜

쥔 채 다시 한 번 팔을 들어올린다. 이 순간을 즐기자고 생각하며 공기를 최대한 많이 들이마신다. 이런 일을 얼마나 자주 겪을 수 있을지 아무도 모른다. 어쩌면 이것이 이런 무대에 서는 유일한 기회일 수도 있다. 그러니 즐겨야지! 박수갈채가 사그라지자 나는 "대단히 감사합니다."라고 말한다. 내가 무대에서 퇴장할 때 바르바라 쇠넨베르거가 말한다.

"요나스 슈비르니코프스키였습니다."

감동에 압도되어 기진맥진한 채로 자리에 돌아와 털썩 주저앉는다. 방금 전력질주를 마친 사람처럼 심장이 격렬히 뛴다. 오른쪽에 앉은 사람이 "훌륭한 캠페인이에요!"라고 말하며 미소 짓는다. 뒤에서 누군가가 내 어깨를 두드려준다. 나는 빼앗기기라도 할 것처럼 트로피 네 개를 꽉 움켜쥐고 있다. 주먹 쥔 손마디가 하얗게 두드러진다. 아드레날린과 행복감이 내 몸을 타고 흐른다. 금상은 진짜 근사하다.

이것이 내 목표다. 그리고 나는 10월 30일까지 이 목표를 달성할 아이디어를 생각해낼 것이다.

지금까지 독일에서 가장 중요한 광고 시상식에서 수상하는 것을 꿈꾸는 그래픽디자이너의 예를 들어보았다. 광고 기획자들이 그런 것처럼 음악인들은 그래미를, 영화인들은 아카데미 수상을 꿈꿀 것이다. 누군가는 노벨상을 타는 모습을, 또 누군가는 일류 무대에서 공연하는 모습을 상상할 수 있다. 핵심은 언젠가 나의 모습이 될 미래상을 그려보며 우리는 한 발씩 목표를 향해 나아갈 수 있다는 사실이다.

미래상을 그리는 10가지 방법

당신이 쓴 글의 목적을 정확히 이루려면 글을 읽은 후 실제로 그 장면을 체험한 것 같은 느낌이 들어야 한다. 아직 그런 느낌이 들지 않는다면 세부 사항들을 좀 더 보충해 넣을 것을 추천한다. 그밖에 어떤 감각을 추가로 알아차리거나 더 잘 기술할 수 있는지 자문해보라. 무엇이 들리는가? 무엇이 느껴지는가? 무엇이 만져지는가? 무슨 냄새가 나는가? 무엇이 보이는가? 무슨 맛이 나는가? 편안한 상태에서 느긋하게 장면을 상상해보라. 미켈란젤로도 그림들을 하루 만에 그려내지는 못했다.

요나스 슈비르니코프스키는 늘 꿈을 간직하기 위해 무엇을 더 할 수 있을까? ADC 페스티벌의 시상식 사진을 구글에서 검색해 컴퓨터와 스마트폰의 바탕화면으로 저장할 수 있다. 전문잡지에 실린 시상식에 관한 보도를 모으고, 영상을 찾아보고 더 좋은 인상을 받기 위해 직접 다음 시상식을 보러 갈 수도 있다.

이번 장의 내용을 한 번 더 요약해보자. 미래상을 정하는 방법 중 가장 중요한 열 가지를 여기에 정리해두었다.

1. 당신이 지금 당장 시작할 수 있도록 동기를 부여하는 것이 무엇인지 자문해보라. 당신의 관점을 '나는 그것을 해야만 한다'에서 '그것을 하고 싶다'로 바꾸는 것은 무엇인가?
2. 야심차면서도 현실적인 목표를 정하라. 목표를 통해 도전을 받아

야 하지만, 실제로 해낼 수 있다는 기분도 들어야 한다.

3. 목표를 혼자 힘으로 달성할 수 있어야 한다. 다른 사람이나 우연 내지는 운에 의존해서는 안 된다는 것을 명심하라.

4. 언제까지 이 꿈을 실천하고 싶은지 가능한 구체적으로 정하라.

5. 꿈을 표현하는 장면이나 짧은 이야기를 생각해내 당신의 미래 모습에 생명을 불어넣어라.

6. 이제 그 미래상을 최대한 상세하게 기술하라. 모든 감각을 불러내라. 그 상황에서 무엇이 들리고 느껴지고 보이는가? 무슨 맛이 나고 무슨 냄새가 나는가? 그 일이 바로 지금 일어나는 것처럼 현재 시제로 적어라. 미래상을 더 사실적으로 만들기 위해 세부 사항들을 넣어라. 단어나 스케치, 머릿속으로 상상한 장면을 이용해 미래상을 표현할 수 있다.

7. 장면을 정말로 생생하게 상상할 수 있을 때까지 꾸준히 노력하라.

8. 미래상을 사진과 그림, 다른 자료들로 꾸민 다음 그 모든 것을 봉투나 파일에 모아둔다. 이 자료들은 미래상을 기억하는 데 도움이 된다.

9. 계속해서 당신의 미래상을 떠올려라. 예를 들어 컴퓨터와 태블릿 PC, 스마트폰 배경화면으로 저장해놓을 수 있다. 미래상을 확실히 기억하기 위해 당신의 기록물을 적어도 하루에 한 번씩 봐야 한다.

10. 가끔 미래상에 대한 근거를 자문해보라. 그것이 아직도 진짜 당신이 원하는 것인가? 아니면 그 사이에 당신에게 훨씬 더 강력한 동기를 부여해줄 새로운 꿈이 생겼는가? 미래상은 변할 수

없게 고정되어있는 것이 아니다. 꿈이 변하는 것은 지극히 정상적인 현상이다. 그러니 한 가지 미래상만 고집하지 말고 유연하게 바꿔라. 당신의 목적은 동기를 부여받는 것이다.

나를 움직이게 하는 꿈

이 연습의 중점은 어떤 미래상이 당신에게 정말 효과가 있는지를 찾아내는 데에 있다. 당신은 맨 처음 떠오른 미래상이 당신의 유일한 꿈이라고 생각할 수도 있다. 하지만 곰곰이 생각해보면 그보다 더 강하게 마음이 끌리는 것이 있을 수도 있다. 정말로 효과적인 미래상을 찾으려면 선택이 필요하다.

미래상을 찾기 위해 시간을 할애하라.
미래상은 동기부여의 강력한 기반이다.

메모지를 준비한 뒤 아침에 잠에서 깨어 피곤하게 한 번 더 몸을 뒤척이는 것이 아니라 활기차게 잠자리를 박차고 일어나게 할 만한 목표가 무엇일지 곰곰이 생각하라. 이 표현이 약간 과장되어 보일 수도 있겠지만, 이것이 원칙적으로 중요한 문제인 것은 확실하다. 어떤 미래의 모습이 당신을 의욕에 넘쳐 집을 나서게 하는가? 차분히 생각해보라. 서두르지 마라. 우선 미래상에 대한 아이디어를 가능한 많이 수집하라. 가장 좋은 방법은 일단 하루가 지난 뒤 아이디어를 추려내는 것이다. 각각의 미래상을 한 문장이나 몇 가

┌───┐
│ **내가 선택한 미래상** │
│ │
│ 나의 미래상 1: _____ │
│ _____ │
│ │
│ 나의 미래상 2: _____ │
│ _____ │
│ │
│ 나의 미래상 3: _____ │
│ _____ │
│ │
│ 나의 미래상 4: _____ │
│ _____ │
│ │
│ 나의 미래상 5: _____ │
│ _____ │
│ │
│ 나의 미래상 6: _____ │
│ _____ │
│ │
│ 나의 미래상 7: _____ │
│ _____ │
│ │
│ 나의 결정: _____ │
│ _____ │
└───┘

지 표어로 요약하고 가능성 높은 아이디어 10개를 선발하라. 무엇이 가장 당신에게 동기부여를 하는지 신중히 검토하라. 어떤 상상이 당신의 태도를 '젠장! 해야겠네'에서 '우와! 하고 싶다!'로 바꾸는가? 아침마다 설레는 마음으로 잠자리에서 벌떡 일어나게 하는 것은 무엇인가? 여기에 당신의 선택을 적어라. 이론적으로는 당신에게 동기를 부여하는 미래상을 여러 개 가져도 된다. 하지만 처음에는 미래상 한 개에만 집중하는 것이 더 쉽다.

목표보다 더 높은 이상으로

이제 당신의 미래상이나 목표가 어떻게 하면 훨씬 더 많은 효과를 낼 수 있는지 살펴보자. 당신의 목표를 큰 맥락에서 정돈하라. 지금 설정한 목표보다도 상위에 놓인 큰 목표는 무엇인지 자문해 보라. 당신은 어떤 '이상'을 추구하는가? 미래에 자신이 어떤 상태로 혹은 어디에 있게 되리라 생각하는가? 즉, 요점은 이미 확정된 목표를 훨씬 더 큰 목표에 이르기 위한 '중간 목표'로 삼는 것이다. 언젠가 '이게 전부인가? 내가 무엇 때문에 그렇게 노력해야 하지?' 라는 의문이 들 때 이 포괄적 그림이 좋은 답을 줄 것이다.

예를 들어 그래픽 디자이너 요나스 슈비르니코프스키는 10년 후 5월 1일에 자신의 광고 대행사를 설립하고, 14년 후 5월 1일에는 매우 창의적인 캠페인으로 업계에 이름을 날리기를 소망할 수 있을 것이다. 따라서 ADC 트로피 수상은 성공적인 광고 대행사를 설립하려는 도중에 거둔 중요한 성공 중 하나일 뿐이다. 성공적인 광고 대행사 설립이라는 이상은 요나스가 동기부여를 꾸준히 유지하도록 도울 수 있다. 그러면 요나스의 동기부여를 나타내는 그림은 훨씬 더 크고 포괄적이 된다. 이 그림은 새로운 차원에 이르러 이제 인생의 밑그림이 된다.

당신의 이상을 표현할 때는 현재의 최우선 목표를 표현할 때와 마찬가지로 정확한 날짜를 넣어 가능한 구체적으로 표현하는 것이 제일 좋다. 어중간하게 하지 마라. '미래에 언젠가'라고 말하지 마라. 그런 표현은 임의적이고 우유부단해 보인다. 구체적인 날짜를 상정해 분명하게 약속하라.

마지막 예에서 당신은 이런 의문이 들 수 있다. 대체 왜 5월 1일이어야 하지? 그가 정확히 5월 1일에 회사를 설립할 거라는 사실을 10년 전에 미리 알기는 분명 어려울 것이다. 당신의 생각이 전적으로 옳다. 아마 요나스 슈비르니코프스키는 정확히 5월 1일에 회사를 설립하지 못할 것이다. 하지만 핵심은 날짜가 맞느냐 틀리느냐에 있지 않다. 회사 설립은 오로지 목표 기한이 이론상 가능한지, 확실하게 정해졌는지 여부에 달려있다. 우리에게 필요한 것은 추구할 수 있는 구체적이고 명확한 목표이다. 목표는 우리에게 방향을 알려주는 항성이다. 애매모호하게 '몇 년 후 언젠가'라고 말하면 당신은 목표를 절대로 이루지 못할 것이다. 어쨌든 이 표현은 목표 지향적이지도 않고 효과적이지도 않다.

선행이 동기를 부여한다

당근에 대해 이야기한 부분에서 나는 우리를 활발히 움직이게 하는 에너지에 관해 이야기했다. 강한 에너지는 우리가 추구하는 이상에서도 나올 수 있다. 여기에 이 에너지를 추가로 강화할 수 있는 방법에 대해 이야기하려고 한다. 그것은 당신의 이상을 다른 사람에게도 도움이 되는 무언가와 연관 짓는 것이다. 더 정확히 말해, 당신이 이상을 실천할 때 다른 사람도 더불어 이득을 얻는 것이다. 다른 사람을 돕거나 아주 일반적으로 무언가 좋은 일을 한다는 느낌을 받아야 한다. 자기 자신을 위해 적극적이 되는 것도 좋지만 그와 동시에 다른 사람을 돕는 것이 훨씬 더 좋다. 당신은 그런 행동이 동기부여에 엄청난 추진력을 더해준다는 사실을 알게 될 것이다. 이제 당신은 자기 자신을 위해서 뿐만 아니라 다른 사람을 돕기 위해, 다른 사람에게 무언가 선행을 베풀기 위해, 다른 사람을 격려하기 위해서도 일한다. 이것은 상당히 기분 좋은 일이다. 그리고 이런 기분이 강한 동기부여를 일으킨다.

우리가 들었던 예에 나오는 그래픽 디자이너 요나스는 매년 회사 수익의 10퍼센트를 어린이 구호기관에 기부하기로 결정할 수도 있다. 혹은 개발은행, 사회복지 사업 단체, 환경보호 기구 등 세계적으로 선행을 위해 힘쓰는 곳의 의뢰만 받는 광고 대행사를 개업하기로 결심할 수도 있다. 이런 식으로 그의 광고 대행사는 일에 대한 열정과 이윤 극대화뿐 아니라 무언가 선행을 위해서도 일하게 되는 것이다.

> 사람은 누구나 다른 사람을 도울 수 있을 때
> 보람을 느낀다.

한 가지 유념해야 할 것은 마음과 정말로 일치한다고 느껴지는 행위를 선택해야 한다는 사실이다. 그래야지만 추가 추진 장치가 작동해 동기부여에 여분의 압력을 가할 준비를 한다. 예를 들어 당신의 프로젝트가 동물보호단체에도 도움을 주는데 당신이 실제로 동물을 좋아하지 않는다면 당신은 이 행동으로 자신을 함정에 빠뜨리는 셈이다. 이제 이 행동은 로켓이 되기보다 브레이크가 될 테니까.

자신에게 동기를 부여하기 위해 우선 자기 이득을 챙기는 것은 당연한 일이다. 하지만 자신뿐 아니라 다른 사람까지 생각하는 것이 훨씬 더 아름답다. 자신에게 물어보라. 다른 사람에게 도움이나 영감을 주기 위해 나는 이 프로젝트를 어떻게 이용할 수 있을까? 때로는 사심 없이 이웃을 사랑하는 행동처럼 보이는 일에서 실은 그 일의 최대 수혜자가 당신이라는 느낌을 받기도 한다. 영화감독 스티븐 스필버그Steven Spielberg는 다음과 같이 설명했다.

"스타워즈와 그밖에 다른 영화들의 본질이 명시하는 궁극적 비밀은 다음과 같은 내용입니다. 이 세상에는 두 종류의 인간이 있습니다. 동정적 인간과 이기적 인간. 이기주의자는 어두운 쪽에 살고 동정적 인간은 밝은 쪽에 살죠. 빛이 있는 곳으로 가야 행복해집니다. 연민, 다른 사람을 돕는 것, 자기 자신만 생각하지 않고 남도 생각하는 것이 그들에게 기쁨을 줍니다. 다른 방법으로는 그런 기쁨을 얻을 수 없습니다.

이기적이고 자기만족을 좇아 스스로 유흥을 즐기고 쇼핑하고 물건을 만드는 행위는 당신을 늘 불행하게 할 것입니다. 그러면 당신은 절대로 본질에 이르지 못할 겁니다. 보잘것없고 순간적인 행동을 하며 만족을 얻겠지만, 그 만족이 사라져버리고 나면 다시 예전에 있었던 막다른 골목에 있게 됩니다. 계속 그렇게 살면 상황은 더욱 나빠질 거예요. 결국, 당신은 원하는 것을 모두 얻고도 초라함을 느낍니다. 그 길의 끝에는 아무것도 없기 때문이죠. 그와 반대로 동정심을 갖고 살면 당신은 많은 사람을 도운 상태로 길 끝에 다다르게 될 것입니다." *

나의 이상향은 무엇인가

미래상을 찾을 때처럼 이상을 찾을 때에도 시간을 할애해야 한다. 메모지를 손에 쥐고 당신의 인생이 써나가는 성공담이 어떤 모습이어야 할지 곰곰이 생각해보라. 당신의 큰 이상은 무엇인가? 당신뿐 아니라 다른 사람들에게도 도움이 될 때 이상은 훨씬 더 강력해진다는 점을 명심하라. 이상을 선택한 뒤에는 우선 하룻밤 시간을 두고 생각해보라. 시간 간격을 약간 두면 대체로 일을 더 잘 판단할 수 있다. 여기에 당신의 이상 10가지를 적어라. 각 이상을 한 문장으로 표현하려고 시도해보라. 문장은 이상을 요약하고, 핵심을 부각시키는 데 도움을 준다. 그런 다음 당신을 가장 많이 반응하게 하는 것을 큰 이상으로 정하라. 이때 무엇보다 당신의 직감을 따라라. 이 경우 대부분 직감이 맞는다.

* *https://www.goalcast.com/2017/01/06/georges-lucas-choose-your-path/*

내가 선택한 이상

나의 이상 1: _____
_____

나의 이상 2: _____
_____

나의 이상 3: _____
_____

나의 이상 4: _____
_____

나의 이상 5: _____
_____

나의 이상 6: _____
_____

나의 이상 7: _____
_____

나의 이상 8: _____
_____

나의 이상 9: _____
_____

나의 이상 10: _____
_____

나의 결정: _____
_____

모든 것은 태도가 결정한다

요나스의 예를 들어보자. 요나스는 직업적으로 성장할 수 있게 동기를 부여하는 미래상을 갖고 있다. 그는 이 목표를 더 큰 맥락에서 정돈해 훨씬 더 강력하게 만들었다. 멋지고 좋지만, 아직 완성된 것은 아니다. 요나스는 매일 목표를 떠올려 미래상을 생생하게 유지할 방법도 찾아야 한다.

오늘날 대중매체는 뉴스로 가득하고 모든 매체가 같은 뉴스에 대해 이야기한다. 하지만 하루 이틀이 지나 관심이 사그라들면 어느새 완전히 다른 주제를 다룬다. 미래상과 이상도 마찬가지다. 따라서 미래상과 이상이 지속적으로 우리에게 영향을 미치려면 날마다 그것들에 관심을 쏟아야 한다. 또한 미래상을 노트북과 스마트폰에 배경화면으로 설정하고 비밀번호를 목표를 나타내는 표어로 변경하는 것으로는 충분하지 않다. 그것은 기억을 떠올리는 데 도움을 줄 뿐이다. 당신이 반드시 해야 하는 일은 목표에서 '태도'를 이끌어내는 일이다.

- 목표를 이루려면 당신은 어떤 태도를 취해야 하는가?
- 어떤 자질을 습득해야 하는가?
- 어떤 성격이 필요한가?

요나스는 성공적인 광고 대행사를 설립하고 싶어 한다. 그의 이상을 이루기 위해 갖춰야 할 태도는 어떤 것이 있을까?

> 당신이 어떤 목표를 선택하는지가
> 당신이 누구인지를 규정한다.

야심찬 목표를 가진 사람은 평범한 아이디어만으로 만족할 수 없다. "그거 괜찮은데!"라는 말은 요나스에게 별로 괜찮지 않다. 그에게 중요한 것은 자신에게 영감을 주는 비범한 아이디어만을 받아들이는 태도이다. 다른 모든 것은 그의 미래상과 이상을 실행에 옮기는 데에 도움이 되지 않는다. 또한 이쯤에서 경영 능력을 기르고 책임을 맡는 법을 배우는 것이 바람직하다. 따라서 그의 태도는 이러할 것이다.

"나는 피하지도 않고 회계사 뒤로 숨지도 않아. 아니, 내가 직접 일을 관리하고 책임질 거야."

전문 능력을 키우는 것 외에 요나스는 네트워크를 형성하고 업계 사람들과 관계를 맺는 일도 신경 써야 한다. 그에게는 정직함, 사교성, 호기심, 배짱, 일에 대한 열정 같은 자질이 필요하다.

당신이 목표에서 어떤 태도를 이끌어내야 하는지 곰곰이 생각해보라. 당신의 이상과 미래상을 실현하고자 한다면 당신은 어떤 사람이어야 하는가? 어떤 자질을 길러야 하는가? 그것을 알아내는 일은 생각보다 더 어렵다. 이 태도와 자질이 당신과 어울리는지 아닌지 자문해보는 것도 필요하기 때문이다. 당신은 그런 사람인가? 그렇게 될 수 있나? 그렇게 되고 싶은가? 자신에게 솔직해야 한다. 다른 사람들 앞에서 말하는 것을 어려워하는 내성적인 사람이 카

태도 1: _____
_____

태도 2: _____
_____

태도 3: _____
_____

태도 4: _____
_____

태도 5: _____
_____

태도 6: _____
_____

태도 7: _____
_____

태도 8: _____
_____

태도 9: _____
_____

태도 10: _____
_____

리스마 넘치는 지도자가 되는 것은 쉽지 않은 일이다. 그런 것을 전문적으로 가르치는 코치가 있으므로 불가능하지는 않지만 힘든 일이기는 하다. 이 태도를 취할 때 편안한 기분이 드는지 마음으로 잘 느껴보라. 당신의 직감을 따르라.

아이디어를 적고 하룻밤 생각해본 후 시간 간격을 조금 두고 이

틀날 메모를 평가해 중요한 항목 10개로 요약하라. 하지만 이번에는 최대 10개 항목으로 당신의 선택을 제한하라. 그렇지 않으면 복잡해진다. 적고 싶은 것이 다섯 개뿐인가? 그럼 더욱 좋다.

여정을 위한 항해 지도

우리는 이상과 목표를 해도(海圖, 항해용 안내 지도)와 같다고 상상할 수 있다. 해도는 현재 시간과 위치에서 자기 배에 올바른 명령과 적절한 결정을 내리도록 돕는다. 우리는 모두 자기 인생의 선장이다. 어느 곳으로 여정을 떠날지 결정할 사람은 나 말고는 아무도 없다. 어느 누구도 내게서 이 결정권을 빼앗을 수 없다. 여정이 어떻게 진행되고 마침내 어느 곳에 당도할지에 대한 책임 또한 전적으로 자신에게 있다.

많은 사람이 계획 없이 여정을 떠난다. 그리고 그들은 상황에 순응하며 하루하루 살아간다. 주제넘게 그런 삶을 비난하려는 것이 아니다. 모든 사람은 자신이 옳다고 여기는 대로 인생을 꾸려 나가야 한다. 하지만 이 책에서는 목표를 가지고 시작하는 것에 대해 다루고 있다. 따라서 무언가를 시작하기 위한 분명한 이유를 염두에 두는 것과 목표를 인지하는 것이 중요하다. 자신이 어디로 가고 싶은지 뚜렷한 미래상을 가진 사람은 한층 더 수월하게 돛을 펼치고 전속력으로 이상을 뒤쫓을 수 있다. 다음과 같이 행동해보자.

1. 계획을 위한 동기부여에 도움이 되는 야심차면서도 현실적인 미래상을 찾아라. 그것을 '해야만 한다'에서 '하고 싶다'로 관점을 바

꿔라.

2. 언제까지 미래상을 이루겠다고 구체적으로 약속하라.

3. 가능한 명확하게 묘사해 미래상에 생명을 불어넣어라. 당신이 할 수 있는 만큼 구체적으로 꾸며라. 모든 감각을 동원하라.

4. 미래상을 분명하게 상상할 수 있도록 그림과 스케치 같은 자료를 활용하라. 모든 자료를 봉투나 폴더, 서류철에 모아라.

5. 미래상을 적어도 하루에 한 번 들여다볼 수 있게 신경 써라.

6. 미래상을 훨씬 더 큰 이상으로 가기 위한 중간 거점으로 삼아라. 크게 보고, 멀리 보고, 생각하라. 이상을 인생의 밑그림으로 여겨라. 당신의 큰 이상은 무엇인가?

7. 이상을 촉진하는 수단으로 '선행'을 이용하라. 당신의 이상이 어떻게 하면 당신뿐만 아니라 다른 사람들에게도 이로울지 자문해보라.

8. 언제까지 이상을 실행하겠다고 확실하게 약속하라.

9. 가능한 명확하게 묘사해 이상에 생명을 불어넣어라. 당신이 할 수 있는 만큼 구체적으로 꾸며라. 모든 감각을 동원하라.

10. 이상을 분명하게 상상할 수 있도록 그림과 스케치 같은 자료를 활용하라. 이 자료들도 봉투나 폴더, 서류철에 넣어 정리하라.

11. 적어도 하루에 한 번 이상에 주목할 기회를 찾아라.

12. 미래상과 이상에서 '태도'를 이끌어내라. 목표는 당신에게 무엇을 의미하는가? 목표를 이루기 위해서 당신은 어떤 사람이어야 하는가?

13. 당신이 올바른 미래상과 이상을 추구하는 것인지 혹은 다른 미

래상과 이상을 품게 된 것은 아닌지 주기적으로 점검하라.

다음 단계에서는 우리가 어떻게 하면 목표를 이룰 수 있을지 구체적인 계획을 마련해보자.

스토리텔링의 강력한 효과

앞선 미래상에 관한 부분에서 자신의 목표를 가능한 상세하고 구체적인 이야기로 풀어내도록 했다. 이야기에서 우리는 다른 사람의 처지가 되어 특정한 상황 속으로 미끄러져 들어가게 된다. 그 상황을 생생하고 세밀하게 묘사하고 감각을 더 다양하게 불러낼수록 상상은 더 진짜 같아진다. 그렇다면 이야기는 우리 인간에게 왜 그토록 효과적인 것일까?

| 우리는 이야기를 통해 상황을 경험한다.

우리 육체는 실제 경험과 상상 속 이야기를 구별하지 못한다. 신경생리학적 관점에서 이야기는 곧 '체험'이다. 우리가 이야기를 들을 때 우리 뇌는 다양한 영역을 활성화한다. 예를 들어 이야기에 향기, 맛, 기쁨이나 고통이 나오면 그것들을 인지하는 일을 담당하는 영역과 언어 중추가 활성화된다. 우리가 여름에 붉은 장미 향기를 맡는 모습을 이야기로 묘사하면 뇌에서는 감각을 담당하는 피질 내의 후각 중추가 활성화된다. 스릴러 영화를 보며 내용에 빠져

들면 우리는 온몸에 긴장을 느낀다. 그것은 상상일 뿐 아니라 실제 신체반응이기도 하다. 이야기는 호르몬과 전달 물질이 분비되게 하고 우리는 이에 정서적으로 반응한다. 영화 속에서 아무것도 모른 채 샤워 중인 주인공에게 살인자가 몰래 다가가는 장면이 나오면 우리는 냉정을 유지하기 힘들다. 맥박수가 증가하고 심장이 빠르게 뛰며 양손이 축축해진다. 두 주먹을 꽉 쥐기도 한다. 또 두 사람 사이에 싸움이 벌어지면 뇌의 운동 피질에 불이 들어온다. 우리는 싸움에 가담하지 않고도 구경만 하는 것이 아니라 육체적으로 이야기를 함께 체험한다.

왜 그런 것일까? 우리의 생각이 이야기 속 상황으로 옮겨가 그 경험을 재현하고 연습하기 때문이다. 우리는 어떤 특정한 상황에 던져진 주인공을 본다. 그는 개인적 변화를 성공적으로 완수해내기 위해 장애물과 갈등을 극복해야 한다. 우리는 자신을 그 주인공과 동일시한다. 이야기 속 주인공은 우리의 대리인이고 우리를 대신해 모험에서 살아남는다. 우리는 그를 관찰하고 동정한다. 그리고 이런 식으로 그의 경험을 우리 자신의 경험으로 만든다.

이야기는 우리가 세상을 이해하고
행동 방식을 연습하도록 돕는다.

인간의 몸은 수천 년 이래로 거의 변하지 않았다. 따라서 위험한 환경에서 살아남는 일은 여전히 최우선 순위에 놓여 있다. 반응과 행동방식을 잘 익혀둘수록 세상에서 그의 형세는 더 유리해진다. 그래서 경험이 소중한 것이다. 어린아이를 보면 이야기가 주변 세상을 이해하는 데 얼마나 중요한지 알 수 있다. 아이들은 이야기에 질리는 법이 없다. 이야기를 통해 자신이 세상에서 어떻게 행동해야 하는지 배우기 때문이다. 이와 관련해 중요한 역할을 하는 것이 바로 '거울 신경 세포Mirror Neuron'이다.

거울 신경 세포는 1996년에 우연히 발견되었다. 이탈리아의 파르마대학교 연구팀은 자코모 리촐라티Giacomo Rizzolatti의 지도 아래 침팬지를 대상으로 행동이 뇌에서 어떻게 계획되고 실행되는지에 관해 연구했다. 침팬지를 측정 기계와 연결한 후 침팬지가 음식을 집기 위해 손을 뻗을 때 어떤 신경 세포가 활성화되는지 보는 실험이었다. 그런데 놀랍게도 신경 세포는 침팬지가 직접 음식을 집으려 할 때뿐만 아니라 사람이 음식을 집으려는 모습을 침팬지가 바라보기만 할 때도 신호를 보냈다. 뇌에서 그 행동을 관찰하고 침팬지 자신이 행동한 것처럼 이해한 것이다. 그리고 이 과정에서 거울 신경 세포가 발견되었다.

사람에게는 거울 신경 세포의 작용을 체험하기 위한 측정 기계가 따로 필요 없다. 누구나 이 신경 세포를 이용할 수 있기 때문이다. 우리는 거울 신경 세포를 이용해 우리가 인지하는 것을 반영한다. 어떤 사람이 껄껄 웃으면 우리는 쉽게 전염되어 같이 웃게 된다. 상대방이 울면 우리도 똑같이 슬픔을 느끼기도 한다. 우리는 공감하는 존재로 주위 환경에서 얻은 경험을 신체에 반영한다. 누군가 하품하면 우리도 똑같이 피곤함을 느끼고, 누군가 미소 지으며 바라보면 우리도 미소 짓게 되는 것처럼 말이다. 우리는 이 현상을 악기 줄에 비유할 수 있다. 기타 줄 한 개를 잡아당기면 동시에 다른 줄들도 흔들려 움직이게 된다.

> 인간은 공감하는 존재다.
> 그런 현상은 거울 신경 세포 때문인 듯 보인다.

그래서 이야기가 그토록 강력한 것이다. 다양한 연구 결과에 따르면 우리는 직접적인 사실보다 이야기를 최대 스물두 배까지 더 잘 기억할 수 있다고 한다. 우리가 이 책에서 무언가를 시작하고 목표를 향해가는 과정에서 장면과 이야기를 자주 다루는 이유 또한 바로 그 때문이다.

3장

'계획'이
동기를
부여한다

목표를 완성하는 비결

열망을 실현하기 위해
명확한 계획을 세우고
즉시 시작하라.
준비가 됐건 아니건,
그 계획을 실행에 옮겨라.

-나폴레온 힐

구체적인 목표를 설정하라

그사이 벌써 우리는 순항 중이다. 미래상을 염두에 두고 그와 관련된 장기적 이상을 키웠다. 매일 이 두 가지를 떠올리며 꾸준히 그에 부합하는 태도를 취해야 한다는 것을 이해했다. 그리고 목표를 더 잘 상상할 수 있도록 여러 자료를 모으는 방법도 알아봤다.

이제 우리는 미래상과 이상을 나타내는 자료들을 간단하게 요약하고자 한다.

우리는 목표들을 더 가까이 살펴보고 시각화할 필요가 있다. 봉투나 폴더, 서류철에 있는 자료들은 우리가 주머니에 넣고 다니기에 양이 너무 많다는 단점을 갖고 있다. 게다가 목표는 간단히 한 눈에 파악할 수 있는 게 좋다. 자료들을 늘 가지고 다닐 수 있도록 스마트폰으로 사진을 찍어두는 것도 한 가지 방법이다. 하지만 모든 것을 포스터처럼 한 장으로 간단하게 요약할 수 있는 더 좋은 방법이 있다.

'목표 설정 지도'를 그려라

목표를 더 잘 조망하기 위해 지도를 그려보자. 마치 보물지도처럼 말이다. 하지만 사실 이것은 당신의 인생 중 일부분을 위한 지도이다. 우리는 이 지도를 '목표 설정 지도'라고 부를 것이다. 설레지 않는가?

- 종이 한 장에 당신의 '이상'을 적어 넣어라. 어떤 상징이나 그림을 활용해도 좋으니 이상을 스케치해보자. 적절한 생각이 나지 않을 경우에는 당신의 이상을 나타낼 단어와 문구라도 몇 개 적어보자.
- 이제 당신의 미래상을 나타내며 이상으로 가는 중간 목표를 표시하는 상징이나 스케치를 그려 넣어라. 키워드 몇 개를 적고 그림을 그려도 좋다.
- 이상으로 가는 길에는 지속적으로 중간 목표를 세워라. 다만 모든 과정을 여유롭게 하라. 인생 여정은 순식간에 계획할 수 있는 것이 아니기 때문이다.
- 목표를 실현할 수 있으려면 당신의 태도는 어때야 하는가? 어떤

자질을 길러야 하는가? 당신이 지녀야 하는 태도를 몇 가지 요약해 지도에 기입하라.

예를 들어보자. 앞서 언급한 그래픽 디자이너 요나스는 성공적인 광고 대행사 설립을 큰 이상으로 삼을 수 있을 것이다. 그는 어떻게 이 이상을 한 장의 지도로 표현할 수 있을까? 예를 들어 '슈비르니코프스키 앤드 파트너 광고 대행사 GWA(독일의 주요 광고 대행사들이 연합해 만든 커뮤니케이션 대행사 총연합)'라고 쓰인 문패를 그려 넣는 것도 한 가지 방법일 것이다. 요나스는 광고 기획자이므로 그냥 아무 광고 대행사를 세우는 것이 아닌 흥미로운 아이디어를 실행하는 창의적인 회사를 세우는 것에 가치를 둔다. 이를테면 그는 문패의 왼편과 오른편에 월계수 가지 두 개를 이용해 자신의 생각을 상징할 수도 있다. 승자로 뽑힌 사람이 머리에 쓰는 월계관 모습을 당신도 알고 있을 것이다. 상징은 가능한 쉽고 명확하게 이해할 수 있어야 한다. 요나스는 문패에 이 이상을 실현해야 하는 날짜를 보충할 수도 있다. 가령 '2027년 5월 1일'과 같이 최대한 구체적으로.

이상을 촉진하는 수단으로 요나스는 어린아이 두 명이 팔을 높이 들어 올리고 환호하는 그림을 보충할 수 있다. 그 옆에 '연 수익의 10퍼센트를 유니세프에'라고 적는다. 요나스의 광고 대행사는 의무적으로 매년 수익의 10퍼센트를 구호단체인 유니세프에 기부할 것이다. 아름다운 동기부여다. 따라서 회사 설립은 요나스와 직원의 삶뿐만 아니라 가난한 아이들의 삶에도 도움이 될 것이다.

그 다음에 요나스는 자신의 미래상을 표현해줄 수 있는 ADC

페스티벌 시상식 날 밤을 곰곰이 생각해본다. 요나스는 시상식에서 금상을 원하고 있다. 여기에서 핵심은 무엇인가? 인정과 존경이다. 요나스는 무대 한가운데에 서서 자기 작품에 대한 찬사를 듣는다. 그는 스포트라이트 안에 선 인물을 그림으로 간단히 표현할 수 있을 것이다. 그 옆에는 못 모양을 한 ADC 트로피를 그려 넣는다. 이 두 상징이 그의 미래상을 시각적으로 요약해준다.

이제 미래상에서 큰 이상으로 가는 길을 표현할 차례다. 이것은 큰 도전이다. 여기에서 우리는 미래로 시선을 돌려볼 것이기 때문이다. 우리가 제기해야 하는 질문들은 다음과 같다. 나의 이상을 어떻게 실현할 것인가? 계획은 어떠한가? 정확히 어떻게 시작할 것인가? 중간 목표들은 어때 보이는가?

예를 들어 요나스는 과감히 독립을 실행하기 전에 우선 사원으로 취직해 승진하며 관리 경험을 쌓을 수 있을 것이다. 다른 분야의 능력과 지식을 얻기 위해 회사를 옮겨볼 수도 있다. 그의 중간 거점들은 다음과 같은 모습일 수 있다. 그림 속 스포트라이트 안에 선 사람 오른쪽에 당당하고 꼿꼿한 자세로 서 있는 사람을 한 명 더 그린다. 그 밑에 '수석 디자이너'라고 쓴다. 다음 오른쪽 옆에 좀 더 큰 사람을 한 명 그린 후 '광고 제작 감독'이라고 표시한다. 이제 다른 광고 대행사로 옮기는 데 성공한다. 몇 센티미터 떨어진 곳에 좀 더 큰 사람 한 명을 그리고 나서 '모바일 광고 대행사의 광고 제작 감독'이라고 적는다. 모바일 광고 대행사는 스마트폰 관련 광고를 전문으로 다룬다. 그 오른쪽 옆에 요나스는 자신의 마지막 중간 목표로 한 사람을 더 그린 후 아래에 '콘텐츠 마케팅 대행사의 광고 제작 감독'이라고 적는다. 이쯤에서 요나스는 과감히 자신의 광고 대행사를 설립하고 싶다. 따라서 가장 오른쪽에 회사 간판을 그려 넣는다.

우리는 이것이 현명한 계획인지 아닌지 평가하려는 것이 아니다. 여기에서 유일한 관건은 간단한 상징과 표어를 사용해 어떻게 목표 설정 지도를 그릴 수 있는지 보여주는 것이다. 이제 우리가 지금까지 알게 된 모든 사항을 계획으로 연결해보자. '계획'이란 정해진 목표를 모두 달성하기 위해 우리가 걸어가야 하는 현실적인 길이다. 목표는 '무엇'이고 계획은 '어떻게'이다.

항목들을 연결하라. 중간 목표를 달성할 수 있으려면 어떤 조치를 취해야 하는가? 중간 목표가 먼 미래에 있을수록 조치를 취하기 더 어렵다. 목표가 현재에 가까울수록 구체적인 계획을 세우기가 더 쉽다. 특히 첫 번째 중간 목표에 대해서는 정확한 계획에 중점을 두어라. 목표가 분명하다면 이제 질문해야 할 사항은 다음과 같다. 의도한 기한까지 목표를 달성하려면 구체적으로 무엇을 시도해야 하는가? 목표 설정 지도에 계획들을 간략히 기입할 수 있다. 아주 기본적인 내용만 적고 세부 사항으로는 들어가지 말 것을 권한다. 상세한 계획을 위해서는 '실천 계획'도 동시에 마련해야 하기 때문이다.

목표 달성을 위한 구체적인 계획

그래픽 디자이너 요나스 슈비르니코프스키의 미래상이자 큰 이상으로 가는 길의 첫 번째 중간 목표는 다가오는 ADC 페스티벌에

목표 설정 지도

작성자: _____

작성 날짜: _____

서 금상을 타는 것이다. 이 목표를 달성하기 위해 어떤 계획을 세울 수 있을까? 요나스는 다음과 같은 계획을 적을 수 있을 것이다.

ADC 금상 트로피를 타기 위해 나는 회사에서 매일 아침 8시 50분에 10분 동안 최근 수년간의 금상 수상 작품들을 살펴본다. 10분은 많은 시간은 아니지만 매일 10분씩이면 일주일에 50분이다. 예전에는 정시에 출근을 했지만 지금은 10분 일찍 도착해 수상 작품들을 보는데 활용한다. 하루를 의욕적으로 시작한다는 장점도 있다. 심사위원들로부터 금상을 수상하기 위해 작품이 충족해야 하는 기준을 찾아내고 직장에 내 목표를 분명하게 알린다.

흥미로운 광고주 브리핑이 있었는지 동료 직원들에게 주기적으로 알아본다. 어떤 일이 특별히 흥미롭고 기회가 될 것 같아 보이면 그 일을 담당하는 팀으로 들어가기 위해 총력을 기울인다. 부서를 옮기거나 야근을 감수해야 하는 경우가 생기더라도 훌륭한 아이디어와 계획을 다루는 것만으로도 만족해하는 자세를 취한다. 새로운 것은 새로운 것을 통해 더 쉽게 생겨나는 법이다.

우리 팀의 광고 제작 감독은 내가 다가오는 ADC 페스티벌에서 금상을 타고 싶어 한다는 사실을 알고 있다. 그는 내 목표를 멋지다고 생각하고 성과를 낼 수 있는 업무에 나를 투입시킴으로써 지원해준다.

꽤 적정한 조치다. 여기에서 아직 부족한 것은 제대로 된 형식이다. 다음 부분에서는 조치를 구체적인 실천 계획으로 정돈하는 법을 살펴보자.

목표 달성으로 이끌 '실천 계획'

실천 계획은 목표를 달성하기 위해 당신이 언제, 무엇을 행해야 한다는 내용이 적힌 상세한 시간표다. 시간표를 이용하면 놀라운 심리적 효과가 생겨난다. 지금 당장 시작하고자 하는 의도적 노력의 일부를 실천 계획에 쏟아라. 당신은 실천 계획에 완료 표시를 할 수 있어 기쁠 것이다. 동시에 계획이 실제 진척되고 있으며 뚜렷한 목표를 갖고 임한다는 사실도 알게 될 것이다. 이 효과에 대해서는 나중에 '게임화' 부분에서 자세히 설명하겠다. 지금 여기서는 일단 이론을 명확하게 만들기 위해 예를 하나 살펴보자.

실천 계획에 대한 3가지 조언

대학생 안네가 세미나 논문을 써야 한다고 가정해보자. 하지만 논문을 쓰기 시작하려면 300쪽이나 되는 전공서적을 꼼꼼히 읽어야만 한다. 유감스럽게도 책은 30년 묵은 비스킷처럼 무미건조하다. 재미가 하나도 없어 도무지 열중할 수가 없다. 안타깝게도 나는 독서를 재미있게 만들 수 있는 요령은 모른다. 하지만 일을 잘 진행해나가는 방법에 대해서는 몇 가지 조언을 해줄 수 있다.

- 1단계: 시기 선택. 언제까지 전공서적을 다 읽을 것인지 혹은 대략 언제까지 프로젝트를 끝낼 것인지 먼저 정하라.
- 2단계: 일별 진도. 시간표를 지킬 수 있으려면 하루에 몇 쪽씩 읽어야 하는지 생각해보라. 일반적으로 말해, 시간표를 지키려면 하루에 무엇을 해내야 하는지 정하라.
- 3단계: 실천 계획. 실천 계획에 날짜, 작업 시간, 목표한 쪽수 내지 목표한 성과를 함께 적는다.

계획은 목표를 향한 길에서 당신을 돕는
좋은 친구와 같다.
만약 계획 없이 시작한다면
쓸데없이 인생은 고달파진다.

가벼운 시작을 위한 전략
모든 시작은 어렵다. 하지만 전혀 시작할 필요가 없을 때 시작은 굉장히 쉬운 일이 된다. 그게 무슨 얘기냐고? 첫날에 작업하려는 계획을 포기하라는 것이다. 첫날에는 아무것도 하지 않는 것으로 일정을 짜라. 다시 말해, 월요일부터 일을 시작할 경우 월요일에 대한 진도는 계획에 넣지 마라. 아무것도. 절대로! 아주 조금도 안 된다. 일정에 아무것도 넣지 마라. 당신은 실천 계획에 따라 손가락 하나도 까딱하지 말아야 하고 아무런 압박도 받지 않는 상태여야 한다. 실천 계획에는 당신이 공식적으로 쉰다고 되어 있다.

이제 당신은 이 상황을 이용할 수 있다. 계획에도 불구하고 월요일에 일을 시작해 진도를 앞서 나가려고 시도한다. 월요일에 화요일 작업을 하는 것이다. 이는 화요일에 당신이 아무것도 할 필요 없는 편안한 상황에 놓인다는 것을 뜻한다. 어제 이미 작업량을 처리했기 때문이다. 당신은 무조건 시작해야 한다는 압박을 다시 받지 않아도 된다. 이런 심리적 장점 덕분에 일을 시작하고 진행하는 것이 한결 쉬워진다. 이를 '앞서 나가기' 전략이라고 한다.

앞서 나가는 간격을 매일 조금씩 더 벌리면 이 효과는 훨씬 더 강한 동기를 부여한다. 그럴 수 있으려면 하루 작업량을 낮게 책정해야 한다. 예를 들어 하루에 전공서적 60쪽을 읽을 수 있다고 예상되면 실천 계획에는 매일 '50쪽씩' 읽겠다고 적어라. 이 요령의 장점은 다음과 같다. 첫째, 압박이 적어지고 시작이 쉬워진다. 둘째, 어떤 일로 작업이 지연되어 하루 최대 작업량을 채우지 못해도 당신은 실망하지 않는다. 셋째(이 요령의 본래 요점이기도 하다), 계획했던 것보다 더 많은 것을 해냈다는 성취감을 불러일으킨다! 50쪽을 읽기로 계획했는데 60쪽을 읽었다. 대단하다! 당신의 유희 본능이 깨어난다. 내일은 62쪽을 읽으려나? 모레는 64쪽? 추진력이 생겨 당신에게 순풍을 불어주고 당신을 의욕적인 상태로 만들어준다.

> 언제나 계획을 갖고 있는 것이 좋다.
> 계획을 갖고 있으면 새로운 결심을 반복하느라
> 에너지를 소모할 필요가 없다.

더 나아가기 전에 우선 구체적인 실천 계획을 실례로 들어 살펴보겠다. 쪽수와 시각은 예로만 들어놓은 것이다. 여기서 시각은 전체 계획을 구체적으로 만들어주는 중요한 요소이다. 정해진 시각 없이 작업하는 사람은 미루는 습관을 향해 문을 활짝 열어두는 셈이다. 그런 사람들은 일을 자꾸 미루다가 마침내 일에서 완전히 손을 떼게 되는 경우가 많다.

'앞서 나가기'는 많은 장점을 갖고 있다. 공식적으로 당신은 화요일에 50쪽까지 읽기로 계획했다. 이제 화요일이 되면 당신은 이미 계획된 분량을 끝냈다고 기분 좋게 단언할 수 있다. 이런 심리적 속임수는 긍정적인 분위기를 형성하고 '지체 없는 시작'의 부담을 덜어준다.

시작하는 것은 늘 힘들다. 하지만 공식적으로 시작하기도 전에 이미 어느 정도 분량을 완수한 사람은 시작과 실행에 대한 압박감을 줄일 수 있다. 당신은 원래 있어야 하는 지점보다 훨씬 앞서 있다. 아주 훌륭히 진행 중이다! 당신도 이런 기쁜 상황에 놓일 수 있도록 시도해보라. 이미 끝냈다는 사실을 즐겨라. 압박을 받고 억지

실천 계획 '전공서적 읽기'		
시간	**쪽**	**완료!**
월 9:00~18:00	0	☐
화 9:00~18:00	50쪽까지	☐
수 9:00~18:00	100쪽까지	☐
목 9:00~18:00	150쪽까지	☐
금 9:00~18:00	200쪽까지	☐
월 9:00~18:00	250쪽까지	☐
화 9:00~18:00	300쪽까지	☐

- 앞서 나간 부분은 모두 형광펜으로 표시하라.
- 월요일에 첫 50쪽을 다 읽어라.
- 줄을 그어 앞서 나간 부분인 '50쪽까지'를 지우거나 완료 칸에 체크 표시를 하라.

로 시작하는 것이 아니라 흔쾌히 상황을 만끽하라. 당신은 시작하기도 전에 이미 해야 할 분량을 끝냈다는 느낌이 만족스러워 이 행복감을 더 확대하고 싶어진다. 50쪽만 앞서 나가는 것이 아니라 60쪽을 앞서 나간다면 더욱 뿌듯하지 않겠는가? 이런 생각에 고무된 채 즐거운 마음으로 일에 착수하라. 시작하는 것이 갑자기 재미있어질 것이다.

> 작은 성공은 목표를 향해 가는 길 위에서
> 벗어나지 않도록 동기를 부여한다.

어려운 일도 계속하게 만드는 비결

어떻게 하면 재미없고 어려운 일을 시작하고 계속하려는 마음이 들게 할 수 있을까? 바로 '게임화Gamification'가 이 질문의 해결책이다. 게임과 전혀 관련이 없는 영역에 게임 요소를 도입하는 것을 뜻하는 이 방법은 당신에게 동기를 부여하기 위해 게임 영역의 특징을 이용한다.

이게 대체 무슨 말일까? 컴퓨터 게임에는 정해진 시간 안에 도전에 대처해야 하는 전형적인 과제가 있다. 그리고 플레이어는 압박을 받는 상태에서 문제 해결을 위해 노력해야 한다. 이 과정에서 그의 실력이 시험대에 오른다. 다음과 같은 상황을 예로 들 수 있겠다. 독을 사용해 사람을 죽인 정체를 알 수 없는 살인자가 24시간 내에 런던에서 다시 범행을 저지르려 한다. 그때까지 탐정은 범인을 밝혀낼 수 있을까? 혹은 왕국이 위험한 괴물 때문에 위기에 처했다. 분열된 국민을 전투에 나서도록 규합하기 위해 왕은 왕권을 상징하는 황금 검이 절실히 필요하다. 하지만 악한 영주가 그 검을 훔쳐가 버렸다. 기사는 모든 것을 잃기 전에 검을 제때에 다시 왕에게 가져올 수 있을까?

세미나 논문에 관한 예에서도 우리는 똑같은 도전에 직면한다. 안네는 4주 안에 논문을 제출해야만 하고 이 논문은 종합 성적에 큰 영향을 미칠 것이다. 하지만 훌륭한 논문을 쓸 수 있으려면 우선 부담스러운 전공서적 한 권을 기를 쓰고 다 읽어야만 한다. 안네는 논문을 쓸 충분한 시간 여유를 갖기 위해 제때에 이 책을 다 읽을 수 있을까? 이러한 전형적인 탐색, 전형적인 도전은 진행 지표와 결합된다.

'진행 지표'란 실천 계획보다 좀 더 상세하게 일의 진행 상황을 확인할 수 있는 지침표이다. 이를 통해 당신은 늘 자신의 현재 위치를 분명하게 알 수 있다. 일이 얼마만큼 진행됐는지 아는 사람은 자신의 노력이 효과를 낸다는 사실을 알고 그 사실을 통해 계속 나아갈 동기를 부여받는다.

당신은 이 진행 지표를 마음대로 개선해도 된다. 일례로 군대 복무 등에서 근무 연한의 반을 넘긴 기념으로 벌이는 소위 '중간 파티'를 열 수도 있다. 즉, 작업량의 절반을 해내면 스스로에게 그에 대한 상을 주는 것이다. 중간 파티라는 용어는 절반을 해냈으니 이제부터 더 쉬워진다는 뜻을 내포한다. 이를테면 당신은 '산을 넘은 것'이다. 이미 50퍼센트를 끝내 기분이 좋다는 이유만으로도 우리는 이제 마음이 더 편해졌다고 할 수 있다.

보상을 이용해 목표(논문 작성)와 중간 목표(전공서적 읽기)를 달성하는 것 자체를 기분 좋고 보람 있는 일로 만드는 것 또한 가능하다. 컴퓨터 게임에서도 마찬가지다. 예를 들어 영웅이 황금 검을 탈환해 중간 목표를 달성하면 특전을 받거나 가령 여행을 더 쉽게 해주는 추가 능력을 얻는 식이다.

이 진행 지표와 보상 체계는 아주 매력적이다. 당신의 탑승 마일리지를 생각해보라. 항공사는 당신의 탑승 마일리지가 든 계정을 관리하며 좌석 업그레이드로 당신을 유혹한다. '업그레이드를 위한 마일리지 상황: 15,000/25,000' 혹은 '업그레이드를 위한 항공편 이용 상황: 14/24'라고 쓰여 있다. 다시 말해, 1만 마일리지를 더 모으거나 열 번을 더 비행하면 그렇게도 원하던 업그레이드를 받게 되는 것이다. 다른 보상 프로그램도 이런 원칙에 따라 작용한다. 우리는 게임화를 통해 동기를 부여받는다. 안 될 이유도 없지 않은가? 게임화는 우리의 마음을 사로잡아 기능을 수행한다. 그러니 우리도 계획한 일을 더 쉽게 완수하기 위해 이 방법을 적극적으로 이용할 수 있다.

> 게임화는 재미없고 어려운 일을 시작할 때
> 계속하려는 마음이 들게 해준다.

마침내 전공서적을 다 읽고 기분 좋게 체크 표시를 할 때의 심리 상태뿐 아니라 그사이에 있는 여러 작은 단계를 마치고 축하할 때의 심리 상태에도 집중해보자. 비유적 의미 말고 아주 구체적으로 말해보겠다. 당신은 연필을 들고 줄을 그어 쪽수를 지우고 완료 칸에 체크 표시를 한다. 훌륭해! 기분이 좋다.

우리는 300쪽 분량을 여러 단일 목표로 나누고 매일 하나씩 달성하기로 했다. 줄을 그어 쪽수를 지우는 것과 체크 표시를 하는 것은 우리가 한 단계 더 전진했고 목표에 더 가까워졌다는 사실을 보여준다. 또한 중간 목표 달성은 스스로에게 할 수 있다는 긍정적 감정을 불러일으킨다.

작은 성공을 경험하라

우리는 본능적으로 성공을 좋아한다. 그리고 아주 작은 성공이라 하더라도 중간에 포기하지 않도록 우리에게 동기를 부여해준다. 이런 이유에서 하루 목표량을 세밀하게 나누는 것도 의미 있는 일이다. 따라서 '일별 실천 계획'을 세우고 달성하는 것 역시 목표를 향해가는 과정에서 중요하게 여겨진다.

어떤 기분으로 일하느냐는 일의 진행 상태를 좌우한다. 여기에

화요일: 50쪽 읽기		
시간	쪽	완료!
9:00~10:00	6	☐
10:00~11:00	6	☐
11:00~12:00	6	☐
12:00~13:00	점심시간	☐
13:00~14:00	6	☐
14:00~15:00	6	☐
15:00~16:00	6	☐
16:00~17:00	6	☐
17:00~18:00	8	☐

앞서 나가기를 추가하는 것을 유념하라. 한 시간에 7쪽을 읽을 수 있다고 예상되면 계획에는 6쪽으로 적도록 하자. 첫 시간에 7쪽이나 8쪽을 읽어내면 쾌감은 그만큼 더 커진다. 진도를 현저히 앞서 나가는 것에 대한 만족감은 의욕적으로 일을 계속하고 싶다는 마음이 들게 하기 때문이다. 첫 시간에 6쪽을 읽겠다고 했지만 너무 어려워 실제로는 4쪽밖에 읽지 못했다면 얼마나 부정적인 느낌이 들지 생각해보라. 그런 감정으로는 일에 매진할 수 없다. 따라서 시간 단위별 작업량을 정하는 것은 중요한 결정이므로 신중히 생각해야 한다.

> 기분이 상한 사람은 일을 시작하거나
> 계속할 마음이 나지 않는다.
> 그러니 작게 시작해
> 작은 성공을 반복하는 것이 중요하다.

앞서 예시한 쪽수는 그날 읽을 전체 쪽수를 시간으로 나누어 산출한 것이다. 즉, 50쪽을 8시간으로 나누면 계산상 6.25쪽이 나온다. 매 시간 같은 분량을 읽고자 한다면 이 숫자를 '6과 4분의 1쪽'으로 해석할 수 있다. 하지만 나는 시작이 더 쉽게 느껴지도록 소수점 이하를 버리고 6쪽으로 적었다. 그러면 5시에서 6시까지 읽어야 할 분량은 8쪽이 남는다. 나는 마음속으로 한 시간에 심지어 8쪽을 읽는 것은 계획보다 더 빨리 진도를 나가는 셈이라고 생각한다. 실천 계획에서와 똑같이 일별 실천 계획에서도 앞서 나가기 효과를 얻기 위해 첫 시간에는 아무것도 계획에 넣지 않을 수도 있다. 이 경우에는 50쪽을 7시간(첫 시간은 비워두므로)으로 나눈다. 계산상 결과는 7.14가 나온다. 따라서 일별 실천 계획은 아래의 표와 같을 것이다.

이미 언급한 바 있는 형광펜도 중요한 역할을 한다. 형광펜은 목표를 추가로 촉진해준다. 하루는 당신이 계획한 일들을 형광펜으로 칠하지 않은 채 일하고, 하루는 칠하면서 일하여 시험해보라. 형광펜으로 칠한 것이 금방 눈에 들어오므로 당신은 계획을 달성

화요일: 50쪽 읽기		
시간	쪽	완료!
9:00~10:00	0	☐
10:00~11:00	7	☐
11:00~12:00	7	☐
12:00~13:00	점심시간	☐
13:00~14:00	7	☐
14:00~15:00	7	☐
15:00~16:00	7	☐
16:00~17:00	7	☐
17:00~18:00	8	☐

하는 일에 더 쉽게 착수할 수 있다.

실천 계획을 어떻게 세울지는 당신의 자유다. 시험 삼아 이것저 것 시도해보라. 계획은 언제든 조정할 수 있다. 이미 말했듯이 본 래 관건은 지금 당장 시작하기 위해 쏟는 노력을 당신에게서 실천 계획으로 옮기는 것이다. 이제 끝으로 중요한 세 가지 원칙을 다시 한 번 요약해보자.

1. 실제로는 전혀 시작할 필요가 없도록 시작하라.
2. 원래 계획했던 것보다 더 앞서나가고 더 일찍 끝마치는 것에 재미를 붙여라.
3. 줄을 그어 완료된 작업을 지우고 완료 칸에 체크 표시하는 것을 즐겨라.

계획은 얼마든지 바꿀 수 있다

의미 있는 실천 계획의 예를 좀 더 살펴보자. 무슨 일이 있어도 ADC 페스티벌에서 금상을 타고 싶어 하는 그래픽 디자이너 요나스 슈비르니코프스키를 기억하는가? 요나스의 실천 계획은 다음 쪽의 표와 같을 수 있다.

목표 설정 지도를 근거로 매일 당신이 실제로 어디로 가고 싶은 지, 이유는 무엇인지 마음속에 떠올려라. 목표에서 태도를 이끌어 내라. 이 태도는 미래를 위한 것이 아니라 현재를 위한 것이다. 다음 주, 내일, 5분 후가 아니라 지금 바로 가져야 하는 태도다. 미루는 습관은 지금 이 순간 당신을 공격할 것이다. 미루는 습관에 대

월	화	수	목	금	
없음.	8:50~9:00 ADC 수상작 살펴보기 12:00 ADC 수상 기준 인쇄해서 사무실에 붙여놓기 14:00 안나에게 함께 고안해내고 싶은 것이 있는지 물어보기 15:00 흥미로운 브리핑이 있었는지 옌스와 하이케에게 물어보기	8:50~9:00 ADC 수상작 살펴보기 12:00 ADC 수상 기준 꼼꼼히 읽기	8:50~9:00 ADC 수상작 살펴보기 12:00 ADC 수상 기준 꼼꼼히 읽기	8:50~9:00 ADC 수상작 살펴보기 12:00 ADC 수상 기준 꼼꼼히 읽기 14:00 로버트에게 함께 고안해내고 싶은 것이 있는지 물어보기	기타 등등 …

처하는 전략들은 나중에 살펴볼 것이므로 걱정할 필요는 없다! 실
천 계획을 더 정확히 작성할수록 성공할 가능성은 더 높아진다.

이상과 목표, 계획이 아무리 뛰어나도
지속적으로 생각하지 않으면 아무 소용없다.

계획은 돌에 새긴 것이 아니다. 그 반대다! 당신은 계속해서 당신이 달성해야 할 계획들을 조정하고, 검토하고, 업데이트해야 한다. 당신은 자신이 옳다고 여기는 대로 얼마든지 자주 계획을 변경할 수 있다. 하지만 목표의 경우에는 그 반대다. 너무 경솔하게 목표를 바꾸거나 포기하면 어느 순간 당신은 자신을 더는 진지하게 여기지 않게 되어버린다. 목표는 배의 조타수가 방향을 찾기 위해 기준으로 삼는 항성과 같다는 점을 명심하라. 목표를 자꾸 변경해서는 안 된다.

다음에 나오는 두 가지 표를 보라. 하나는 실천 계획에 대한 것이고 다른 하나는 일별 실천 계획에 대한 것이다. 이 책에서 해당 부분을 복사해 당신의 계획에 이용해도 된다.

스탠퍼드대학교의 실험

'메타 인지Metacognition'란 무엇일까? 메타 인지라는 용어는 '생각에 대한 생각'이란 뜻으로 문제를 객관적으로 인지하고, 자신의 인지 과정을 한 차원 높은 관점에서 관찰하는 것을 말한다. 이번에는 목표를 정하는 것과 실천 계획을 갖고 목표 달성에 임하는 것이 우리에게 어떻게 작용하는지 확인시켜줄 실험 한 가지를 다룰 것이다. 목표를 정하고 계획을 세우는 일이 그럴 만한 가치가 있다는 것을 증명할 수 있을까?

실천 계획

날짜 할 일	날짜 할 일
날짜 할 일	날짜 할 일
날짜 할 일	날짜 할 일

작은 시작의 힘

일별 실천 계획

날짜 할 일	날짜 할 일
날짜 할 일	날짜 할 일
날짜 할 일	날짜 할 일

미국 스탠퍼드대학교의 연구원인 퍼트리샤 첸Patricia Chen이 참가 학생들을 두 집단으로 나누어 실험했는데, 이 실험에 대해 마르텐 한Marten Hahn은 일간지 〈디 벨트〉에 다음과 같이 보도했다.

'한 집단은 다가오는 시험 전 일주일 동안 시험이 있다는 사실을 계속 기억하기만 했다. 다른 집단은 15분이 걸리는 설문지를 받았다. 설문지에서 학생들은 시험과 목표 점수에 대해 생각하고 시험 결과가 그들에게 얼마나 중요한지 평가했다. 성과 달성이 어떨 것 같은지도 예상해야 했다. 그런 다음 혹시 시험에 어떤 문제가 나올 것 같은지 생각해보라고 요청받았다. 그밖에 학생들은 강의 필기 내용, 교과서, 집단 토론 등 시험을 준비할 때 이용하고 싶은 학습 보조 수단 15가지를 골랐다. 마지막으로 자신이 고른 수단이 왜 가치 있다고 여기는지, 그 수단을 어떻게 이용할 것인지 기술했다.' *

간단히 요약해보자. 두 집단 간의 유일한 차이점은 설문지를 작성하는 데 걸린 '15분'이다. 추가 강의나 특별한 학습 자료 같은 것은 없었다. 단지 둘 중 한 집단은 이 15분 동안 자신이 어떻게 시험을 준비할 것인지, 시험이 자신에게 어떤 의미가 있는지 등의 문제를 인지하고 해결하기 위해 씨름했다. 이 차이를 바탕으로 한 집단이 다른 집단을 월등히 앞서리라고 기대하기는 어렵다. 그럼에도 불구하고 결과는 설문지를 작성한 집단이 그렇지 않은 집단보다 점수를 평균 3분의 1 정도 더 잘 받은 것으로 나타났다. 목표를 정하고 계획을 작성하는 것만으로도 결과에 차이가 난다는 것을 보

* Marten Hahn, 'Mit diesem Lern-Hack wirst du zum Einserschüler', <Die Welt>, 26.5.2017. https://www.welt.de/kmpkt/article164890863/Mit-diesem-Lern-Hack-wirst-du-zum-Einserschueler.html. <Quartz>, https://qz.com/978273/a-stanford-professors-15-minute-study-hack-improves-test-grades-by-a-third-of-a-grade/

여주는 분명한 신호다.

동기부여의 양면성

지금까지 우리는 미래상과 이상에 대해 긍정적인 측면을 다뤄왔다. 여기에는 성공과 사회적 인정, 인기와 명예, 자아실현에 대한 소망에서 나오는 동기부여 에너지가 포함된다. 이것은 우리의 발전을 돕는 마술이다. 내가 동기부여의 착한 마술에 대해 말하면 당신은 틀림없이 이렇게 자문할 것이다. 그럼 흑마술은 어떤 걸까? 흥미진진하지 않은가?

동기부여의 어두운 면을 본격적으로 다루기 전에 나는 당신에게 이 주제를 차분히 살펴보되 긍정적인 기운을 갖고 임하라고 권하고 싶다. 증오, 파괴 의지, 불안 같은 부정적 감정에서 나오는 에너지는 매우 강력하고 빨리 이용할 수 있지만, 한편으로는 유독해서 당신에게 괴로움과 해를 주기 때문이다.

이 경우에 사람들은 긍정적인 그림 대신 부정적 감정의 상황을 구성한다. 산업계에는 이런 종류의 동기부여가 생각보다 더 널리 퍼져 있다. 예를 들어 한 지인이 내게 자신의 회사 사장의 격렬한 연설에 대해 이야기했다. 연설에서 사장은 분노로 가득 찬 말투로 큰 경쟁상대를 보기 좋게 제압해버렸다. 회사 간부들 앞에서 한 그 연설은 선전포고나 다름없었으며 사장은 간부들에게 '적'을 가차 없이 섬멸할 것을 다짐받았다.

이런 식으로 생겨난 감정은 대단히 강력하며 그에 따른 동기부여 수준도 높다. 사람들은 실제로 증오에 빠져들어 아주 굉장한 일을 해낼 수 있다. 하지만 이런 이유 때문에 동기부여의 어두운 면에 몰두하는 것은 어리석은 일이다. 결국, 이 증오는 당신과 당신의 인격을 부정적으로 바꾸어놓을 것이다. 끊임없이 적을 무찌르는 일을 꿈꾸고 적을 압도적으로 물리쳤을 때 느끼는 쾌락을 탐닉하는 일은 건전할 수 없다.

> 부정적 감정의 동기부여는 빠르고 강력해
> 매우 유혹적이다.
> 하지만 유감스럽게도 이 마술은 사용하는 사람을
> 결국 부정적으로 바꾸어놓는다.

동기부여 에너지를 얻기 위한 가능성은 동기부여의 어두운 면에도 존재한다. 하지만 이 방법으로 에너지를 얻을 경우, 괴로운 사람은 다른 사람이 아니라 당사자 본인이다. 스스로 불안과 공포에 떨게 된다. 물론 나는 당신에게 그런 방법까지 권할 수는 없다. 장기간에 걸쳐 반복적으로 공포에 빠져 지낸 사람은 저절로 생겨난 압박에 눌려 언젠가 완전히 녹초가 된 채 주저앉아버릴지도 모른다. 따라서 강력하고 부정적인 에너지 촉진에 현혹되지 마라. 되도록 아무에게도 해가 되지 않는 긍정적인 그림을 생각하라.

올바른 휴식의 힘

의욕적으로 하루를 시작하고 자신이 세운 실천 계획을 지키고 싶은 사람은 오전에 에너지를 완전히 소모해버리는 경우가 많다. 그리고 나서 정오 무렵에는 녹초가 된다. 장면으로 묘사해보자면, 오전에는 포뮬러 원 경주용 자동차를 타고 질주하다가 정오가 되면 낡고 삐걱거리는 자전거로 갈아탄 후 힘겹게 목표를 향해 나아가는 것이다.

여기에서 빠진 것은 바로 규칙적인 휴식이다. 여러 통계에 따르면 사람들은 45분마다 5분씩 휴식해야 한다. 2시간 일한 후에는 15분을 쉬어야 하고 4시간 일한 후에는 더 긴 휴식시간을 계획에 넣어야 한다. 전형적인 예로 사람들이 식사하러 가는 점심 휴식(적어도 60분)이 있다. 요약하면 다음과 같다.

- 45분 후 5분간 짧은 휴식
- 2시간 후 15분간 커피를 마시며 휴식
- 4시간 후 60분간 중간 휴식

적정한 휴식의 기준은 사람마다 다르다. 잘못된 야심으로 휴식도 없이 일하고자 하는 오류만 범하지 마라. 하루는 괜찮을지 몰라도 장기적으로 보았을 때는 분명히 잘못된 방식이다. 휴식을 취하는 것이 유익하다. 당신의 휴대폰은 매번 에너지 충전을 필요로 한다. 당신도 똑같다.

| 일하면서 휴식이 필요하지 않은 건 로봇뿐이다.

휴식시간에는 당신이 즐거워하는 일에 몰두하는 것이 중요하다. 프로젝트1에 참여하다가 휴식시간에 프로젝트2에 관한 서류를 검토한다면 휴식의 회복 효과는 전혀 없다. 가능하다면 잠시 산책하는 것을 권한다. 자연에서 걷는 것이 이상적이겠지만, 건물 주변을 한 바퀴 돌아도 된다. 몇 분 동안 눈을 감고 음악을 들을 수도 있다. 아니면 책을 몇 쪽 심취해서 읽어도 좋다. 동료와 수다를 떨거나 SNS에 새로운 것이 올라왔는지 확인할 수도 있다. 운동이나 요가를 좋아하는 사람은 휴식시간에 연습해도 된다.

원하는 것을 하되 반드시 실천하라. 그리고 귀한 노동 시간을 허비하는 것이 아니라 당신의 능률을 올린다는 의식을 갖고 휴식을 취하라. 휴식 후 당신은 다시 신선한 에너지를 얻어 능률적으로 일을 계속해나갈 수 있기 때문이다.

우리는 높은 동기부여 에너지를 얻을 수 있는 방법 몇 가지를 이미 살펴보았다. 그밖에 활용할 만한 에너지원으로 감동적인 노래와 동기를 부여하는 영화가 있다. 음악과 영화는 우리를 감성과 에너지로 가득 채울 수 있다. 영화 〈로키Rocky〉의 OST 혹은 그룹 퀸의 '위 아 더 챔피언스We are the Champions'나 '위 윌 락 유We will rock you' 같은 노래를 생각해보라. 당신을 열광시키는 노래를 찾아라. 이어폰을 끼고 볼륨을 한껏 높여라! 노래를 당신의 미래상과 결합하라. 이 둘을 주기적으로 함께 소환하면 그 노래의 처음 세 마디만 들어도 어느새 당신의 미래상이 마음속에 떠오를 것이다.

또는 유튜브에서 동기를 부여하는 영상들을 검색하라. '동기부여 음악'이나 '동기부여 비디오'라고 입력한 후 어떤 훌륭한 자료가 당신을 기다리는지 보라.

절대로 해낼 수 없다는 거짓말

모든 사람이 손쉽게 긍정적인 미래상을 생각해내고 열망하는 이상을 계획할 수 있는 것은 아니다. 누구나 자신을 실제로 무언가훌륭한 일을 해낼 사람으로 믿는 것도 아니다. 이에 해당되는 몇사람이 자신의 상황에 대해 어떻게 생각하는지 들어보자.

'젠장, 기껏해야 중간이네. 일부러 그런 성적을 내는 건 아니야. 하지만 내가 뛰어나지 못한 걸 어쩌겠어. 고등학교 때도 그랬잖아. 얼마전에 대학 입학 자격시험을 봤어. 고등학생 때는 원하지 않아서 보지 않았었거든. 내게는 특별한 재능이 없어. 솔직히 말해서 지금 난시험에 떨어질까 봐 두려워. 어쩌면 그것이 이미 너무 늦었다 싶을때까지 내가 공부를 미루는 이유일지도 몰라. 난 내가 대단한 성적

을 내지 못할 거란 걸 알아. 차라리 대학 공부를 그만두고 무언가 다른 것을 시작하는 게 나을까?'

'목표를 세우고 이상을 키우는 것은 다른 사람에게는 적합할지 몰라도 내게는 아주 어려운 일이야. 그것에 대해 생각해볼 수는 있어. 하지만 솔직히 내가 그 이상을 이루어 내리라고는 믿지 않아. 난 자심감이 너무 적어. 늘 그랬지. 그걸 왜 지금 바꿔야 해? 인생에서 무언가를 이루어내는 사람이 있는가 하면 어쩌다 보니 아무것도에 성공하지 못하는 사람도 있는 거잖아.'

'진짜 중요한 과제를 시작해야 한다는 걸 알아. 하지만 시작하는 대신 나는 늘 전혀 중요하지 않은 다른 일을 하며 핑계를 대. 오직 그 중요한 과제를 시작하지 않아도 되기 위해서. 정말 말도 안 되지. 집을 청소하고, 꽃에 물을 주고, 개와 산책을 나가. 그럼 당장 시작하지 않아도 되거든. 실없는 짓이라는 건 나도 알지만 어쩔 수가 없어. 내겐 희망이 없는 것 같아. 어쨌든 난 아무것도 해낼 수 없어. 친구들은 보란 듯이 모든 것을 잘 해내는데 나는 그러지 못해서 괴로워.'

'미루는 습관 때문에 미치겠어. 늘 양심의 가책을 받고 공부해야 한다는 생각이 들어서 자유시간을 제대로 즐길 수가 없어. 이상하게 마음이 불안하고, 늘 긴장되고 최근에는 위장 장애까지 생겼다니까. 바보처럼 난 어디에서 어떻게 일을 시작해야 하는지 몰라. 시작하고 싶지만, 정말로 방법을 모르겠어. 그러는 사이에 난 그 모든 일을 생각하지 않으려고 자꾸만 주의를 딴 데로 돌려버리지. 나는 아마도 단순히 무능력하거나 무언가를 놓친 것 같아. 그게 무엇이었는지 확실하게 밝힐 수는 없지만.'

자신이 평범한 성과밖에 낼 수 없고, 시작할 수 없고, 무능력하다고 확신하는 사람은 늘 스스로 그것이 사실이라고 입증하는 셈이다. 그리고 바로 이 점이 근본적인 문제다. 이런 태도는 전혀 도움이 되지 않는다. 자신을 신뢰하지 않는 것은 잘못이다. 사실 우리는 모두 자신이 짐작하는 것보다 더 많은 것을 할 수 있다. 무한한 잠재력을 가지고도 사용하지 않는다면 무슨 소용이 있겠는가? 알베르트 아인슈타인Albert Einstein은 이렇게 말했다. "누구나 천재다! 하지만 나무를 타는 능력에 따라 물고기를 평가한다면 물고기는 평생 자신이 멍청하다고 믿을 것이다."

> 자신이 평범한 성과밖에 낼 수 없고,
> 시작할 수 없고, 무능력하다고 확신하는 사람은
> 스스로 그것이 사실이라고 입증하는 셈이다.

이 문제와 관련해 자신을 의심하는 사람을 일으켜 세우고 격려해주는 일의 일인자로 꼽을 만한 기업이 바로 나이키다. 나이키는 공식적으로 운동복과 운동화 등을 판매한다. 하지만 비공식적으로는 완전히 다른 것을 판매하는 기업이다. 그것은 바로 용기와 자부심, 희망이다. 나이키는 모든 운동선수가 스스로의 한계를 넘어설 수 있다고 굳게 믿는다. 나이키의 도움과 영감으로.

이런 맥락에서 내가 특히 좋아하는 광고는 '당신의 위대함을 발견하라Find Your Greatness'라는 캠페인의 일부로 제작된 영상이다. 시청자는 외딴 시골길 하나를 본다. 수평선에 한 형체가 나타나 천천히 숨을 몰아쉬며 다가온다. 내레이터가 말한다.

"위대함. 그것은 우리가 만들어낸 것입니다. 하지만 왠지 우리는 위대함이 소수의 사람들만을 위해 마련된 선물이라고 믿기에 이르렀습니다. 천재나, 슈퍼스타를 위해."

우리는 이제 달리는 사람이 작고 뚱뚱한 소년이라는 것을 알아본다. 그는 힘겹게 천천히 달려 나아간다.

"나머지 사람들은 그저 옆에 서서 지켜볼 수 있을 뿐이라고 생각하죠. 사실은 그렇지 않습니다. 위대함은 희귀한 유전자가 아닙니다. 귀중한 무언가도 아닙니다. 위대함은 숨 쉬는 것만큼이나 평범한 것입니다."

땀에 흠뻑 젖은 소년은 좁은 보폭으로 계속 달린다.

"우리는 모두 위대해질 수 있습니다. 우리 모두."

이어서 '당신의 위대함을 발견하라'라는 텍스트가 삽입된다.

이 광고로 나이키는 우리에게 자기 자신을 더 많이 신뢰하라는 영감을 주고 싶어 한다. 그리고 당신 역시 그것을 믿어야 한다.

정신을
'집중'하라

산만함을 제거하는 무기

필요한 것이라곤
한 잔의 차와 조명
그리고 음악뿐.
내가 반복해서 외우는 주문은
집중과 단순함이다.

-스티브 잡스

산만함과 이별하기

산만함은 언제 어디서나 존재한다. 우리 삶이 다방면에 걸쳐있고 그 속에서 우리는 여러 가지 역할을 동시에 수행해야 하기 때문이다. 아마 어느 여성의 역할은 회사원이자 어머니, 아내이자 교사, 요리사, 가정주부, 테니스 선수, 운전사, 주식 중매인, 세무 전문가, 인테리어 디자이너일 수 있을 것이다.

이런 임무와 역할의 수는 앞으로 더 줄어드는 게 아니라 오히려 계속 늘어날 것이다. 하지만 유감스럽게도 하루를 이루는 시간은 변하지 않는다. 우리는 24시간이라는 한정된 시간 동안 정신없이 바쁘다. 그 때문에 스트레스라는 감정이 쉽게 생겨날 수 있다. 이 스트레스는 A라는 행동을 하면서 머릿속으로는 벌써 B라는 행동을 생각하려는 욕구를 조장한다. 한 남성이 책상에 앉아 일하면서 생각은 저녁에 도와주기로 한 아들의 수학시험 준비에 가 있는 상황이 그런 예이다.

| 산만함은 정신 집중이 결여된 상태이다.

그런 상황에 처하면 우리는 최대한 많은 공을 공중에 띄워야 하는 곡예사가 된 것 같은 기분이 든다. 하지만 여러 프로젝트에 일일이 주의를 돌려야 한다면 우리는 초점을 잃은 채 산만하고 비능률적이 된다. 일하는 데 있어서는 동시에 여러 과제에 주의를 집중하는 것이 아니라 한 가지 과제에 집중하는 것이 근본적으로 중요하다. 권투선수의 모습을 가지고 설명해보자. 권투선수는 다섯 손가락을 모두 오므려 주먹을 쥐어야 힘과 무게를 실을 수 있다. 만약 한 개라도 손가락이 펴져 있다면 주먹에 온전히 힘을 줄 수 없을 것이다.

집중을 방해하는 미완성 과제

흔히 산만함은 우리의 무의식이 임박한 기한이나 완료하지 못한 과제를 떠올리는 것을 통해 생겨난다. 갑작스러운 영감처럼 느닷없이 그것에 대한 생각이 떠오른다. 오후에 아이를 유치원에서 데려와야 한다는 것이 기억난다거나 수리공에게 송금하는 것을 잊지 말아야 한다는 생각이 퍼뜩 든다. 혹은 정원 울타리 다듬는 일을 마무리해야 한다는 것이 갑자기 생각난다. 그런 기억들은 중요하고 의미 있다. 따라서 무의식은 우리가 미리 주의하여 기한을 넘기지 않도록 상당히 규칙적으로 대비한다.

기한을 늘 기억하기만 하는가?
기한을 일정표에 넣어두는 것이 더 효과적이다.

만약 기한을 기억만 하는 것이 아니라 일정표로 옮긴다면 이처럼 불쑥불쑥 떠오르는 기억작용을 차단할 수 있다. 이것을 '외부 위탁Outsourcing'이라 한다. 하지만 이것만으로는 아직 충분하지 않다. 일정을 주기적으로 살펴보는 것도 똑같이 중요하다. 일정표를 작성하고 한 번도 들여다보지 않으면 아무 소용없다. 당신이 일정에 신경 쓰지 않으면 당신의 무의식은 그것을 알아채고 정말로 기억해둘 필요가 없어졌을 때에야 비로소 기한을 상기시키는 일을 멈출 것이다. 따라서 모든 기한을 일정표로 옮기고 규칙적으로 들여다보라. 그러면 다가오는 기한에 대한 생각 때문에 주의가 산만해지는 일이 차츰 줄어들 것이다.

미완성 과제를 목록으로 만들고 그에 따라 진행해야 한다. 가능한 많은 과제를 끝내려고 시도하라. 미해결 항목을 적게 남겨둘수록 그에 대해 생각할 필요가 더 적어지기 때문이다. 다음 쪽에 그러한 일정표의 실례를 들어보겠다.

모든 과제를 시간 순서대로 배열하라. 과제를 더 앞서 끝낼수록 더 좋다. 모든 것을 뒤로 미루고 싶어 하는 마음에 저항하라. 아침

07:00	슈테피 생일 관련 게시 글 완성하기. 로마 휴가를 위한 호텔 검색. 하이케와 톰의 집에서 지내기로 한 주말 약속 취소하기. 유니세프 '기부 장소' 구글로 찾아보기.
08:00	아이들 학교에 데려다주기. 세바스티안의 운동도구 잊지 말 것!
09:30	연례 회의와 관련해 쿤스트 박사와 협의.
12:00	엄마에게 전화해서 주말에 올 건지 물어보기.
13:00	아이들 학교에서 데려오기.
15:00	토마스와 커피 마시며 로마의 호텔 정보 물어보기.
16:00	프레드 자우어와 전화 회의. 그가 전화하기로 함. 비르기트도 참석.
18:00	우유와 과일 사기. 엄마를 위해 커피용 생크림도 살 것.
19:30	요나스와 탁구.
20:30	세바스티안이 탈 자전거 알아보기.
21:30	일정 검토 및 내일 일정 계획

에 대부분의 과제를 완수하라. 나중에 우리는 이 의견에 동의하게 될 것이다. 일정표에 적어둔 것은 암기한 것으로 생각하라. 사소한 일도 적어두는 것이 좋다. 과제 뒤에 체크 표시를 하면 오늘 무언가를 달성했다는 기분이 생겨나기 때문이다.

'일정 검토 및 내일 일정 계획' 항목은 매일 저녁에 몇 분 동안 오늘이 어떻게 흘러갔는지 생각해보는 시간을 갖는 것을 뜻한다. 당신은 오늘 일정을 잘 소화했는가? 어쩌면 모든 일정을 다 수행하지 못했을 수도 있다. 오늘 하지 못한 과제는 내일 일정 계획으로 옮겨라. 아마 당신은 절대로 일을 다 끝내지 못할 것이다. 더는 아무것도 할 일이 없는 상태란 사실상 존재하지 않는다. 그것이 정상이므로 낙담할 필요 없다.

끊을 수 없는 SNS의 유혹

"뭐 새로운 것 없나?" 이것은 절대 지겨워지는 법이 없는 질문이다. 우리의 친구와 동료, 지인에 관한 소식, 게시물, 트윗, 기사는 손만 뻗으면 닿을 거리에 있는 휴대폰에 모두 들어있다. 그렇다. 우리는 친구들이 경험하는 것에 관심을 갖는다. 슈테피와 옌스의 관계는 어떻게 진행 중인지, 수잔네의 새 집은 어떻게 생겼는지, 요즘 모든 사람의 입에 오르내리는 비디오는 어떤 것인지 우리는 알고 싶다.

인간에게 가장 큰 관심사는 '인간'이다. 당신의 이야기는 곧잘 우리 일상에 소금 같은 역할을 한다. 페이스북을 잠깐 방문해보면 사정을 잘 알게 된다. 하지만 유감스럽게도 잠깐의 방문으로 끝나지 않을 때가 많다. 우리는 어느 기사에서 미적거리다가 다른 기사를 계속 클릭해 무한한 인터넷 공간으로 빠져 들어간다. 그것이 바로 '산만함'이다. 그렇다면 어떻게 이 산만함을 해소해야 할까?

이메일과 앱, 소셜미디어에 대해 새로운 소식을 찾고자 하는 욕구는 점점 커지며 이 욕구를 통제하는 일은 매우 어렵다. 솔직히 말해서 나는 당신에게 그런 욕구에서 벗어날 수 있는 100퍼센트 확실한 전략을 제시할 수 없다. 현명한 조언 정도면 모를까. 따라서 시간을 정해 계획에 넣은 후 아침, 점심, 저녁마다 한 번씩 최신 정보를 살펴보라고 권할 수는 있을 것이다. 혹은 적어도 두 시간마다 한 번(당사자에게는 견딜 수 없이 긴 시간이다). 하지만 사실 이것은 약한 전략에 불과하므로 당신이 이 전략을 이용해 지속적으로 효과를 거둘 수 있을지는 의문이다.

이메일과 소셜미디어에 푹 빠졌는가? 그 욕구를 이용하라.

하지만 좋은 소식도 있다. 이메일과 소셜미디어에 대한 욕구를 떨쳐낼 수 없다면 일을 진척하기 위해 이 나쁜 습관을 이용할 수 있다. 부정적인 것에서 긍정적인 것을 얻어낼 수 있다는 말이다. 예를 들면 게임화 원칙을 활용해 뉴스 검색을 일에 대한 보상으로 삼을 수 있다. 한동안 일에 집중하고 난 후 최신 정보를 얻는다는 계획을 만들어놓고 그에 따르는 것이다.

다음과 같이 계획할 수 있을 것이다. 작업에 60분 동안 집중하고 나면 그때마다 나는 페이스북을 5분간 보거나 이메일을 확인하는 것으로 보상받는다. 어떤 사람에게는 그것이 공감하기 힘든 보상일 수도 있지만, 그런 욕구를 가진 사람은 일정량의 최신 정보를 제공받을 수 있을 때 실제로 행복감을 느낀다. 60분이 너무 견디기 힘들면 처음에는 30분으로 정하고 그런 다음 차차 시간 간격을 늘려가도 된다.

이제 소셜미디어와 인터넷 때문에 생기는 산만함을 억제하는 데 유용한 도움말을 좀 더 소개하겠다. 특히 매우 실용적인 것으로 증명된 디지털 보조 수단에 주목해보자.

산만함을 없애기 위한 치트키

끊임없이 이메일을 확인하거나 페이스북을 방문하고 싶어 하는 사람은 당신뿐만이 아니다. 그사이에 이런 충동을 제어할 수 있게 도와주는 수많은 프로그램이 등장했다. '프리덤Freedom'은 맥과 윈도, 안드로이드와 iOS용 앱이다. 이 앱은 개별 웹사이트와 그 사용을 일정 시간 동안 차단한다. 이는 곧 당신이 앞으로 4시간 동안 페이스북에 접속할 수 없도록 정할 수 있다는 뜻이다. 페이스북을 방문하고 싶은 욕구가 커지면 당신은 차단을 풀기 위해 기기를 새로 시작해야 한다. 무료로 앱을 시험해볼 수 있지만, 앱을 사용하려면 매달 약 7달러를 내야 한다.

이와 아주 비슷한 앱으로 안드로이드와 iOS용인 '오프타임 Offtime'이 있다. 이 앱을 이용해 당신은 휴대폰으로 특정 웹사이트에 접속할 수 없도록 시간 간격을 정해놓을 수 있다. 예를 들어 9시에서 18시 사이에 인스타그램과 트위터, 페이스북과 핀터레스트 웹사이트를 차단하도록 정해놓을 수 있다. 차단 후 당신은 그사이에 웹사이트에서 무슨 일이 일어났는지 보고를 받는다.

하지만 내가 당신이라면 검색 엔진은 차단하지 않을 것이다. 어쨌든 검색 엔진은 무언가를 빠르고 간단하게 찾아내고 싶을 때 이용할 수 있는 훌륭한 수단이니까. 물론 여기에도 원래 검색에서 벗어나 주의를 다른 데로 돌리게 될 위험은 존재한다. 결국에는 어떤 링크를 재빨리 클릭해버리게 된다.

여기에 인터넷브라우저 크롬의 확장 프로그램인 '생산성 올빼미Productivity Owl'가 도움을 제공한다. 당신이 한 웹사이트에서 너무 오랫동안 시간을 보내면 생산성 올빼미가 화면으로 푸드득 날아들어 웹사이트를 닫아버린다. 회사 웹사이트처럼 예외가 될 웹사이트는 미리 지정해둘 수 있다.

'라이터스 블록Writer's Blocks'은 모니터 화면을 완전히 메워서 주의를 딴 데로 돌릴 여지를 허용하지 않는 프로그램이다. 이 프로그램의 아이디어는 당신이 미리 정해놓은 목표를 완수할 때까지 다른 프로그램으로 전환하는 것을 허용하지 않는 것이다. 예를 들어 당신이 1,000단어에 이르는 글을 써야 차단이 풀리도록 정해놓을 수 있다. 혹은 60분 동안 차단되도록 지정할 수도 있다.

이 예들을 언급한 것은 이미 기술적 측면으로 흥미로운 해결방안이 나와 있다는 사실을 보여주기 위해서였다. 발전은 끊임없이 이어지므로 새로운 것이 있는지 스스로 한 번 찾아보라. 보조 수단을 조사하는 것 자체가 산만함에서 벗어나는 데에 이미 어느 정도 효과를 낸다. 문제가 당신에게 그만큼 더 깊이 인식되기 때문이다.

정신을 흩트리는 무질서

정리되지 않은 사무실은 온갖 종류의 산만함을 끌어들이는 자석과 같다. 일과 관련된 생각뿐 아니라 가능한 모든 생각이 떠오른다. 흥미롭다고 생각하는 무언가에 시선이 닿자마자 우리는 직관적으로 그것에 대해 생각하도록 유혹 당한다.

> 인간의 주의력은 새로운 것을
> 빨리 뒤쫓으려는 경향이 있다.
> 그럴 기회를 최대한 적게 만드는 것이 좋다.

일에 필요하지 않은 것을 전부 시야에서 몰아내어 쉽게 상황을 바로잡을 수 있다. 가차 없이 진행하라. 엄격히 추려내라. 타협하지 마라! 눈에 보이는 것이 더 적을수록 외부 물건에 주의를 빼앗길 위험은 더 작아진다. 책상에 큰 서랍이 있으면 좋다. 그렇지 않은 경우에는 포장 상자 한 개를 마련하라. 그리고 치워라! 물건들을 서랍이나 상자, 휴지통으로 옮겨라. 당신 주변에 불필요한 짐이 얼마나 많았는지 알면 놀랄 것이다. 기본 아이디어는 간단하다. 즉, 시각적 자극으로 가득한 환경보다 단순하게 정리된 사무실에서 집중하기가 훨씬 쉽다. 정리된 환경은 정신을 안정시키고 우리가 과제에 주의를 집중할 수 있도록 돕는다. 이 정리 원칙을 삶의 모든 영역에서 실천하려고 시도해보라. 당신의 책상과 사무실뿐만 아니라 컴퓨터용 책상 위, 컴퓨터의 파일 목록, 자동차, 집, 옷장, 책장, 개인 서류철, 업무 서류철, 사진 보관함, 정원, 부엌, 창고, 머릿속 등 어디든 좋다.

'청결은 신을 공경하는 것 다음으로 중요하다'는 속담은 과장이

긴 하지만, 적어도 깔끔함이 편안한 정신 상태에 이르는 데에 중요한 역할을 하는 것은 맞다. 이 편안한 정신 상태는 다시 주의를 집중하기 위한 기반이 된다. 물론 정리에는 시간이 든다. 하지만 우선 책상부터 시작해 철저하게 휴지통을 채워나가면 그에 대한 보상으로 필요 없는 짐들을 치워버렸다는 후련한 기분을 얻게 될 것이다.

불분명한 요소를 제거하라

무질서라는 주제를 다룰 때 우리는 무질서가 업무 프로젝트에 어떤 현상을 초래할 수 있는지도 살펴보아야 한다. 지시 사항, 즉 업무 분장이 뒤죽박죽인 듯 보인다고 가정하자. 모순되고 불완전하고 혼란스러워 이해가 가지 않는다. 한마디로 불분명하다. 그런 경우에 실제로 사람들은 전혀 일에 몰두하고 싶어 하지 않는다. 업무를 가능한 멀찍이 미루어두었다가 너무 늦어지면 그제야 업무에 착수한다.

하지만 프로젝트를 이미 너무 오랫동안 방치한 상태이므로 사람들은 이제 와서야 불분명한 점을 문의하려 한다는 허점을 보이고 싶지 않다. 그들은 신용만 잃게 될 수 있는 전형적인 곤경에 처하고 만다. 막판에 와서 문의하면 그동안 계속 프로젝트에 전념하지 못했다는 것을 고백하는 꼴이 된다. 그와 반대로 문의하지 않으면 업무 분장이 계속 불분명하게 남는다. 그들은 어림짐작으로 프로젝트를 진행한 뒤 아마 해결책이 나왔다고 착각할 것이다. 그리고 끝에 가서는 무엇이 됐든 기한 내에 어느 정도 쓸 만한 결과물을 제시했다며 기뻐한다. 인간적으로 그 모든 것은 충분히 이해할 수 있는 일이므로 누구나(당연히 나 또한) 한 번쯤 그런 상황을 경험했으리라 감히 예상해본다.

> 불분명한 지시 사항을 토대로는
> 훌륭한 해결책이 나오기 어렵다.

예를 두 가지 더 들어보겠다. 한 헤드헌터가 건설 회사에서 화학자를 채용해달라는 의뢰를 받는다. 하지만 회사의 지시 사항이 불분명하고 모순된다. 한편으로는 아직 높은 급여를 요청할 수 없는 젊은 새내기 화학자를 원하면서 다른 한편으로는 박사 학위를 취득한 노련한 사람이어야 한단다. 외국 생활 경험은 반드시 필요하지만, 영어 능력은 필요 없다. 헤드헌터는 머릿속에 이런저런 의문이 들 것이다. 해명이 절실히 필요하다.

혹은 어느 텔레비전 방송국과 계약한 작곡가를 예로 들어보자. 그는 새로운 저녁 쇼의 주제곡을 작곡해야 한다. 방송국 측은 무언가 경쾌하고 흥겨운 곡을 원한다. 제임스 라스트(독일의 작곡가)의 음악처럼 팝 오케스트라 쪽이면 좀 더 좋겠다. 콜드플레이(영국의 록밴드)의 분위기가 들어가도 좋다. 하지만 영국풍이 아닌 미국풍으로. 말하자면 미국 콜드플레이라고나 할까. 어떤가? 모든 게 분명한가? 아니다, 분명한 게 거의 없다. 따라서 과제가 정확히 이해될 때까지 거듭 질문하는 수밖에 없다.

불분명한 지시 사항을 받아들이는 사람은
휴지통을 위해 일하는 것이나 마찬가지다.

분명한 정보를 마련하라. 악의 근원은 정리되지 않은 정보 혹은 불완전한 정보다. 따라서 이럴 경우에는 바로 분명한 정보를 준비해달라고 요구해야 한다. 불분명한 지시 사항이 아무도 갖고 싶어 하지 않는 카드라고 상상해보라. 이 카드를 받으면 당신은 속는 것이다. 사람들이 당신에게 무언가 부당하게 요구하는 것을 받아들이지 마라. 당장 그 카드를 돌려줘라. 당신이 왜 이 정보를 토대로 일할 수 없는지 객관적이고 차분하게 설명하라. 질문을 모아 적으면 뒤죽박죽인 정보를 정리하는 데 도움이 된다. 여기에 당신이 프로젝트를 받아들일 때 명확히 해야 할 본질적인 문제들을 소개한다.

1. 무엇에 관한 프로젝트인가?
2. 프로젝트의 목표는 무엇인가?
3. 목표를 측정할 수 있는가? 어떻게 해야 목표가 달성되었다는 사실이 명백해지는가? 누가 그것에 대해 결정하는가?
4. 당신의 업무를 한 문장으로 표현하면 무엇인가?
5. 당신은 구체적으로 무엇을 해야 하는가?
6. 언제까지 무엇을 완성해야 하는가?
7. 당신의 해결책이 성공적이었는지 아닌지는 어떻게 밝혀낼 수 있는가?
8. 역점을 두어야 할 사항은 무엇인가? 피해야 할 사항은 무엇인가?

9. 당신의 해결책을 보고 프로젝트의 표적 집단은 무엇을 생각하고 느껴야 하는가?

10. 실제로 어떤 문제를 해결해야 하는가?

11. 해결책이 타당한가? 추천할 만한가?

12. 표적 집단은 누구이고 의뢰인은 누구인가?

13. 표적 집단과 의뢰인은 어떤 관계에 있는가?

14. 시장 상황과 개발 상태는 어떠한가?

15. 경쟁 상대는 무엇을 하는가?

당신이 이 질문들에 답할 수 있다면 업무는 분명한 듯 보인다. 몇몇 항목에 문제가 있다면 문의하라. 곧바로 물어보는 것이 제일 좋다. 더 오래 망설일수록 더 많은 손해를 자초하게 된다. 어쩌면 기한을 미루는 것이 불가능할 수도 있기 때문이다. 게다가 망설이는 시간이 길어질수록 질문하는 일은 점점 더 어려워질 것이다. 이미 말했듯이 너무 오랫동안 망설였다가는 물어볼 용기가 사라진다. 따라서 지금이 아무도 갖고 싶어 하지 않는 카드를 돌려줄 적기이다.

지시 사항이 분명한지 아닌지 알아내기 위해 내용을 다른 이에게 설명해보라. 텍스트보다는 내용을 훨씬 더 명확히 서술해야 하는 전화를 이용하는 것이 가장 좋다. 당신은 그림이나 몸짓이 아닌 말로만 설명할 수 있다. 그런 다음 이제 그 사람에게 내용이 무엇이었는지 반복해달라고 요청하라. 상대방이 그것을 어려워하며 자꾸 다시 물어봐야 한다면 지시 사항이 분명하지 않은 것이다.

사람들은 대개 애매한 사항에 관해 이야기하지 않으려는 경향을 보인다. 모든 것이 멋지고 조화롭게 보인다면 그 상태로 두는 것이 최선이기 때문이다. 하지만 이 경우에는 즉시 역효과를 낳는다. 당신은 자신이 확실히 알지도 못하는 일을 직접 떠맡아야하기 때문이다. 당신이 조화로움을 깨고 싶지 않아 생각하지 않으려 했을 수도 있는 애매한 사항들을 통화 상대방이 당신에게 알려줄 수 있다.

소음으로 인한 산만함을 제거하라

당신이 사무실을 정리한다고 가정해보자. 엄청나게 많은 것을 치우고 나서 갑자기 홀가분한 느낌이 들자 다른 많은 영역의 물건들도 정리해야겠다는 동기부여를 얻었다. 예를 들어 컴퓨터와 자동차, 심지어 집까지. 훌륭하다! 하지만 이제 업무에 집중할 수 있다고 확신하기에는 아직 이르다.

공간은 깔끔하게 정리했지만, 그 외에 모든 것은 우리가 정리하고 통제할 수 없다. 예를 들어 전화벨이 끊임없이 울려대거나 동료가 사무실로 들어오거나 문자 메시지가 뜰 수 있다. 이메일은 말할 것도 없다. 이런 방해 원인들을 차단하라. 그러고 나서야 당신은 업무 장소에서 산만해질 위험 없이 안전해진다.

- 사무실 문밖에 '방해하지 마시오'라는 표지판을 걸어라.
- 휴대폰과 사무실 전화를 무음으로 설정하라.
- 이메일 프로그램을 꺼라.

타협하지 마라. 진짜 위급한 상황은 제외하고. '내가 그걸 얼마나 간절히 기다렸는데' 따위는 위급한 상황이 아니다. 성가신 소음도 외부적 요인 때문에 생기는 산만함에 속한다. 대형 사무실에서는 이런 소음을 피하기 어려울 수 있다. 왼쪽에 앉은 동료 자리에 전화벨이 울린다. 맞은편에 앉은 동료는 다른 동료 두 명과 프로젝트에 관해 논의 중이다. 오른쪽에서는 수습사원이 키보드를 건반 악기인 양 두드려댄다. 심지어 밖에서 공사 소음이 들려올 수도 있다. 그런 경우에 나는 귀마개를 꽂고 그와 더불어 귀를 덮는 헤드폰을 쓸 것을 권한다. 둘 중 한 방법만으로는 충분하지 않을지 모르지만, 두 방법을 함께 사용하면 효과가 매우 좋아 추천할 만하다. 유감스럽게도 이런 개인적 소음방지를 아주 오랫동안 유지할 수는 없다. 불편해지면 휴식을 취해야 한다.

소음을 막을 수 있는 대안으로 자연 소리를 재생하는 스마트폰 앱이 있다. 나는 개인적으로 '릴랙스 멜로디스Relax Melodies'라는 앱을 자주 이용한다. 이 앱에서 당신은 원하는 자연 소리들을 직접 조합할 수 있다. 무엇을 원하는가? 새가 지저귀는 소리를 빗소리와 폭포 소리에 섞고 싶은가? 모닥불 소리를 숲에서 나는 소리와 토스카나의 자연 소리에 섞고 싶은가? 아니면 차분한 파도 소리를 경음악과 섞는 것이 더 좋겠는가? 심지어 탈수기 소리나 자판 치는 소리를 넣을 수도 있다. 누구나 자신이 집중하는 데 도움이 되는 소리를 고를 수 있다. 내가 아는 몇몇 동료는 음악도 그런 소리가 될 수 있다고 생각한다. 헤비메탈 음악을 들으면서 어떻게 업무에 몰두할 수 있는지 나는 잘 모르겠지만, 관점은 저마다 다른 법이니까.

이처럼 노력하는데도 불구하고 당신의 업무 장소가 여전히 시끄러워서 일하기 힘들다면 다른 업무 환경을 적극적으로 구해볼 것을 추천한다. 카페나 공원, 도서관이나 차안에 자리를 잡아라. 어디든 당신이 원하는 곳으로 가라. 회의실이나 호텔 로비도 좋고 재택근무를 해도 좋다. 하지만 꿋꿋이 견디면서 앉아있지는 마라. 그것은 결국 아무에게도 득이 되지 않는다. 다행히 사무실에 계속 앉아있어야만 하는 시대는 지났다. 요즘 기업들은 직원이 무엇을 해내느냐를 중요하게 여기지 그 일을 어디에서 수행하느냐는 중요하게 여기지 않는다.

미루는 습관을 이기는 작은 습관

우리는 다정하면서도 교활한 이웃인 미루는 습관에 대해 이미 이야기한 바 있다. 이 이웃은 우리의 주의를 딴 데로 돌리고 프로젝트를 지금 당장 시작하지 못하게 저지할 아이디어를 엄청나게 많이 갖고 있다. 예를 들어 흡연구역이나 커피를 마실 수 있는 휴게실이 생각나게 할 수 있을 것이다. 부지런히 업무에 돌입하기 전에 우선 잡담을 좀 나누면서 커피나 차를 한 잔 마시는 게 좋을 것처럼 만든다. 이야기를 하다보면 틀림없이 '짧은 잡담'으로 그치지는 않겠지만.

사람들은 습관을 그리 쉽게 받아들이지 못한다.
사실 새로운 행동이 기억에 남기까지는
몇 주가 걸릴 수 있다.

이런 장난에 참여하지 않을 수 있는 방법은 '일과'를 만드는 것이다. 일과는 옆길로 새지 않고 곧장 업무에 들어가게 하는 일종의 신호이다. 당신은 아침에 제일 먼저 커피나 차를 끓이고 이메일을 확인한 다음 그날 해야 할 일 목록이나 실천 계획을 펼쳐놓고 업무를 한 문장으로 요약해 적어두는 것으로 하루를 시작하는 습관을 들일 수도 있다. 그렇게 해서 당신이 지금 당장 일을 시작했다면 참 반가운 일일 것이다. 업무를 한 문장으로 요약해 놓고 되풀이하는 것은 프로젝트에 정신적으로 대비하고 집중하도록 도움을 준다. 문제가 뭐더라? 아 그래, 맞다. 좋아. 시작하자.

걱정하지 마라. 앞으로도 미루는 습관에 대한 도움말과 요령이 계속 나올 것이다. 방어 조치 또한 상세하게 살펴볼 것이다. 이번 부분에서 내가 중요하게 다룰 사항은 미루는 습관 때문에 생긴 산만함을 없애는 법이다. 아주 개인적인 본인만의 일과를 만들어라. 하지만 일과를 너무 길고 복잡하게 만들지 않도록 주의하라. 간단하고 짧을수록 좋다. 그밖에 모든 것은 당신이 하고 싶은 대로 해라. 예를 들어 당신은 다음과 같은 일과를 만들 수도 있다.

1. 책상 주변을 한 바퀴 돈다.
2. 행운을 비는 의미로 책상을 세 번 두드린다.

3. 자리에 앉은 다음 목표 설정 지도에 근거해 당신이 추구하는 전반적 목표를 떠올린다.
4. 업무를 한 문장으로 요약해 적는다.

처음에는 의도적으로 일과를 지키도록 강하게 밀고 나가야 한다. 일과를 지키는 것은 시간이 흐르면서 점점 더 쉬워지다가 결국에는 습관으로 발전한다. 하지만 시작은 가파른 산길과 같으므로 아주 조금씩 힘들여 나아가야 한다. 가볍게 시작하라. 아무것도 기억할 필요 없다. 당신의 일과를 차근차근 적어라. 그런 다음 아침에 사무실에 들어설 때는 한 가지 생각, 즉 메모지에 적어둔 일과를 차례로 완수해야 한다는 것만 생각해야 한다. 메모지를 책상에 놓고 일과의 구성 요소들을 차례로 완수한 후 체크 표시를 하라. 당신이 무엇을 시도해야 하는지 고민할 필요 없다는 것 또한 일과의 장점이다. 스스로 계획하고 다음 단계를 결정하는 일은 의지력을 요한다. 당신이 무엇을 할지 저절로 안다면 의지력을 아낄 수 있다. 특히 아침 일과는 매우 유용하다. 여기에 영감을 줄 만한 도움말을 좀 더 소개한다.

- 하루를 훨씬 더 빠르게 시작할 수 있으려면 전날 미리 해야 할 일 목록과 실천 계획을 작성해두는 것이 도움이 된다.
- 당신이 아침에 무엇을 고대하는지 저녁마다 자문해보라. 당신의 기대를 채워주는 것을 찾아라. 그러면 아침에 일어나는 것이 더 쉽게 느껴진다.

- 당신의 이상과 미래상을 생각하라. 당신을 지친 상태에서 억지로 일어나게 하는 것이 아니라 활기차게 이불을 박차고 일어나게 하는 것은 무엇인가?
- 제일 중요한 업무로 아침을 시작하라(제일 중요한 일을 제일 먼저 해야 한다). 아침에 당신은 피로가 풀려 가장 활기찬 상태이기 때문이다.
- 아침마다 실내의 밝기와 환기에 신경 써라. 커튼을 걷어라! 창문을 열어라! 눈을 떠라!
- 일어나자마자 물을 한 잔 마셔라. 잠자는 동안 잃었던 수분을 보충해준다.
- 자기계발서를 자주 읽어라. 아침에는 이메일을 확인하지 마라. 스스로 무언가를 준비하는 대신 외부의 영향에만 반응하는 셈이 될 테니까. 이것은 내 생각이지 입증된 사실은 아니다. 우리는 다른 사람들과 함께 일하므로 신속하게 대응하는 것은 지극히 당연한 일이다.
- 마지막으로 도움말은 제안이지 규칙이 아니다. 항상 모든 도움말에 귀를 기울이되 어떤 것이 자신에게 맞는지 스스로 결정하라.

산만함에 대항하는 비밀무기

해야 할 일에 집중할 수 있도록 외부 방해 요인들을 제거하거나 적어도 가릴 수 있는 여러 방법이 있다. 그중에 특히 효과적인 비밀무기 두 가지는 '열정'과 '아침 시간 활용하기'이다. 그것들에 관해 차례로 살펴보자.

열정은 모든 방해 요소를 뛰어넘는다

소설가 스티븐 킹Stephen King이 처음부터 부유하고 성공을 거두었던 것은 아니다. 작가로 성공하기 전 그는 영어교사로 일했다. 하지만 이 수입으로는 가족을 부양하기에 충분하지 않았다. 그는 가족과 캠핑카에 살면서 밤마다 세탁소에서 다림질을 해 돈을 벌어야 했다. 그의 첫 장편 소설 《캐리Carrie》는 세탁소와 캠핑카에서 집필되었다. 세탁소도 캠핑카도 조용하게 글을 쓰며 영감을 얻을 수 있는 최적의 장소로는 상상할 수 없는 곳이다. 그럼에도 불구하고 킹은 나중에 영화로 만들어지기까지 한 훌륭한 소설을 써냈다. 그것이 어떻게 가능했을까? 스티븐 킹이 글쓰기에 깊은 '열정'을 가졌기 때문이다. 글쓰기는 그의 가슴을 뛰게 만들었다. 그 무엇도 그가 매일같이 글쓰기에 몰두하는 것을 막을 수 없었다. 열정은 일을 하고 싶게 만들고 즐거움과 기쁨을 유발한다. 외부 상황이 아무리 어려워도 상관없다. 열정은 언제나 방법을 찾아낸다. 따라서 프로젝트에 기꺼이 집중할 수 있을 만한 이유를 찾는 일은 매우 중요하다. 그 이유를 찾고 나면 산만함은 저절로 뒷전으로 물러난다.

"무엇이든 기쁜 마음으로 하면 모든 게 다시 잘 풀린단다." 영화 〈메리 포핀스〉에 나오는 대사다. 나도 그렇게 생각한다. 기쁜 마음 없이 시작하는 일은 어렵다. 따라서 당신이 어떤 프로젝트를 시작하는 것에 대해 고민해야 한다면, 형식상 억지로 프로젝트를 시작해야 한다면 그것은 좋은 전제조건이 못된다. 그런 조짐이 있다면 당신은 차라리 작업을 멈추고 완전히 새로운 업무에 몰두하면서 미래상을 재고해보는 것이 낫다.

열정은 즐거움과 기쁨을 이끌어낸다. 프로젝트에서 무언가 긍정적인 것을 얻어내려고 시도하자. 탐정처럼 업무의 모든 면을 관찰하라. 그리고 이렇게 자문하라. 거기에서 내게 도움이 되는 것은 무엇인가? 어떻게 하면 프로젝트를 내게 유익하게 이용할 수 있을까? 목표와 이상을 기억하라. 도중에 놓인 어려움은 생각하지 말고 멋진 결과만을 생각하라.

사람들은 대개 위험 요소를 먼저 보려는 경향이 있다. 하지만 일에 긍정적으로 접근하고 무엇보다 실현 가능한 성공에 초점을 맞추는 것 또한 현명한 결정일 수 있다. 둘 중 어느 쪽을 선택할지는 당신에게 달려있다. 그런 경우에는 절반이 빈 잔보다 절반이 찬 잔을 선택하는 것이 합리적이다. 모든 것이 잘 진행된다면 프로젝트가 당신에게 어떤 도움이 될 수 있는지 생각해보라. 여기에 몇 가지 예를 들어보겠다.

- 프로젝트가 훌륭히 진행되면 나는 내 성과에 자부심을 가질 수 있다.
- 친구와 동료들이 나를 축하해줄 것이다.
- 심지어 사장에게 칭찬을 받을지도 모른다.
- 어쩌면 급여 인상을 받거나 승진이 될 수도 있다.
- 내 평판이 높아진다.

이를 근거로 아름다운 미래상을 만들고 나면 자연히 산만함은 뒷전으로 물러난다.

열정을 가지고 일하는 사람은
어떤 상황에서든 기쁜 마음으로 일에 뛰어든다.

프로젝트를 시작할 때 당신이 열정을 가지고 프로젝트를 시작해야 하는 이유를 의도적으로 찾아라. 그와 동시에 남을 행복하게 하면 당신도 행복해진다는 사실을 염두에 두어라. 이것을 해내면 산만함이 모두 사라질 가능성이 높아진다.

아침 시간의 기적

"일찍 자고 일찍 일어나는 사람은 건강하고 부유하고 현명해진다."라고 벤저민 프랭클린Benjamin Franklin이 말했다. 비약으로 들리기도 하지만 어쨌든 일찍 일어나서 프로젝트에 몰두하는 것이 몇 가지 중요한 장점을 제공하는 것은 사실이다.

- 다른 사람들은 아직 자고 있다. 그것으로 전화, 이메일, 회의, 사무실 방문 때문에 생길 수 있는 산만함이 사라진다. 따라서 당신은 방해받지 않고 업무에 몰두할 수 있다.
- 아침에는 정신이 맑다. 적어도 그날의 첫 커피나 차를 마시고 난 후에는. 사람은 온종일 집중해 있을 수 없고 자는 동안 피로가 풀렸기 때문에 아침에 집중력이 좋을 가능성이 특히 높다.
- 아침 일찍 벌써 몇 가지 업무를 해냈다는 성취감이 동기를 부여하고 활력을 불어넣는다. 책상에서 이미 일을 몇 가지 마치고 나서 방금 9시가 된 것을 깨닫는 것은 아주 기분 좋은 일이다. 이 시각에 다른 이들은 겨우 일을 시작했는데 말이다.
- 그날의 제일 중요한 업무로 시작하라. 그래야 방해받을 염려 없이 비교적 안전하게 업무를 마칠 수 있다. 현실이 어떤지 우리는 잘 안다. 원하는 대로 계획을 많이 세울 수는 있지만, 사무실과

일상에서 자꾸 예기치 않은 일이 일어나 우리를 방해하고 계획을 뒤죽박죽으로 만들어버린다. 그래도 이른 아침에는 방해받지 않고 자기 시간을 가지게 될 가능성이 높다.

아침 시간을 활용하기 위해 다음과 같이 실행해보라.

1. 전날 저녁에 미리 실천 계획을 만들어라. 무엇을 몇 시에 처리하고 싶은가?
2. 제일 중요한 것을 제일 먼저 시작하도록 당신이 계획한 업무들에 우선순위를 정하라. 아침에 당신은 아직 상쾌하고 능률적이다. 따라서 당신이 반드시 처리하고 싶은 업무부터 시작하라.
3. 하루의 시작을 가능한 단순하고 마음이 끌리도록 만들어라. 당신이 필요로 하는 것을 모두 준비해 놓아라. 아침식사를 미리 준비해 아침에 일어나기 위한 동기로 삼아라. 식탁은 이미 맛있는 음식들로 차려졌다. 당신은 일어나기만 하면 된다.
4. 아침 일과에 습관을 붙이는 것이 가장 좋다. 아침 일과는 올바른 궤도로 출발해 곧장 업무를 시작할 수 있게 도와준다. 일과는 복잡하고 길어서는 안 된다. 커피나 차 한 잔을 마시면서 당신의 실천 계획을 점검하고 이상을 마음속에 떠올려보는 것 정도면 충분하다.
5. 시작하라!

이와 관련해 하루 중 평균적으로 가장 능률이 높은 시각이 언제인지 알아보는 것도 도움이 될 것이다.

- 능률이 가장 높은 시각: 9시에서 11시 사이
- 처음 저점으로 떨어지는 시각: 14시에서 15시 사이
- 두 번째로 능률이 높은 시각: 17시
- 21시 이후: 능률이 지속적으로 떨어진다.

하지만 이 시각은 불변의 자연법칙이 아니라 평균치이다. 당신이 '올빼미 족'이라면 밤에 특히 능률이 오르고 심지어 기분도 편안할 것이다. 자신을 관찰하라. 그리고 몇 시에 자신이 유독 활기차고 의욕적인지 스스로 질문해보라. 당신은 언제 피곤함을 느끼는가? 그에 따라 지혜롭게 업무 시간을 조절하라.

집중을 위한 연습

주의를 딴 데로 돌리게 하는 것들을 최소화했다고 가정하자. 이제는 주의를 집중하고 딴 생각을 하지 않기 위한 연습이 필요하다. 집중한다는 것은 한 주제에 지속적인 관심을 두고 머릿속에서 이 생각 저 생각으로 옮겨 다니지 않는 것을 뜻한다. 다음 부분에서는 집중하기 위한 방법과 연습에 대해 살펴보겠다.

의자와 친해지는 법

이 연습에서 중요한 점은 흔들림 없이 일에 붙어 있는 것이다. 다음과 같이 실행해보라.

1. 프로젝트 서류를 가지고 업무 장소에 앉아라.

2. 업무 외에 다른 것은 머릿속에 들여놓지 마라. 주의를 다른 데로 돌려서는 안 된다. 절대로.

3. 업무에 몰두하라.

4. 순간접착제를 이용해 당신의 바지나 치마를 의자에 붙여놓았다고 상상하라. 업무에 대해 아주 확실한 해결책을 찾아냈을 때에야 접착제가 용해되고 당신은 일어설 수 있다.

5. 생각이 업무에서 벗어나려는 낌새가 보이면 부드럽게 생각을 유도해 다시 업무로 돌아가라.

6. 좋은 해결책을 찾을 때까지 계속 앉아 있어라. 혹은 화장실에 가야할 때까지. 시간 제한이 집중하는 데에 도움이 되기도 한다.

관건은(벌써 눈치 챘는지도 모르겠지만) '계속 앉아 있는 것'이다. 학교에서는 덜 좋은 태도일 수 있지만, 여기에서는 근본적으로 중요한 태도다. 멋진 해결책을 찾아낼 때까지 일어서지 않겠다고 진지하게 각오했다면 이제 당신의 주의력이 더 강해질 가능성이 매우 높아진 셈이다. 이 부분에서 우리가 연습하는 것은 생각을 의도적으로 알아차려 업무에 집중하는 일이다.

집중한다는 것은 한 주제에
지속적인 관심을 두는 것을 의미한다.

이 연습이 어땠는가? 어려웠는가? 한 가지 업무에 생각을 집중하는 데 문제가 있었는가? 머릿속에 다른 목소리가 들리고 이런저런 생각이 떠오르고 이상한 충동이 생겼는가? 아니면 조용히 생각에 잠겨 있었는가? 내가 이 책에서 명상 강의를 하고 싶은 건 아니지만 머릿속을 제멋대로 휘젓고 다니는 생각들('원숭이'라고 해두자)을 계속 쫓아다니는 사람에게는 약간의 명상이 도움이 될 수 있다. 여기에 기초 연습을 소개한다.

명상으로 정신을 집중시켜라

명상은 당신의 생각에 소위 '흐름'을 가져오도록 돕는다. 내용은 다음과 같다.

1. 당신이 강둑에 앉아있다고 상상하라. 강은 평범한 강이 아니라 생각의 흐름을 상징한다.
2. 당신의 생각이 어떻게 곁을 지나가는지 관찰하라. 평가하지 마라. 그냥 관찰하라. 해결책을 찾아서는 안 된다. 아무것도 찾지 말고 그냥 완전히 이완된 상태로 아무 의도 없이 관찰해야 한다.
3. 당신의 숨에 주목하라. 당신이 어떻게 들이쉬고 내쉬는지 의도적으로 인지하라. 당신의 가슴이 어떻게 올라가고 내려가는지. 공기가 어떻게 폐로 흘러들어가고 다시 흘러나오는지.
4. 숨이 좀 더 차분해지고 생각이 좀 더 느리게 흐르는 것을 차츰 깨닫는다.
5. 계속 숨에 주목하면서 생각이 어떻게 당신 곁을 지나가는지 관찰하라.

수면에 문제가 있는 경우에도 이 연습을 시도해보는 것이 좋다. '원숭이들', 즉 제멋대로 떠오르는 생각과 생각의 연상 작용을 몰아내기 위해서는 숨에 집중하는 것만으로 충분하다.

방해 요소를 받아들여라

사람마다 도움이 되는 방법이 다르므로 이상적인 해결책을 언급하는 것은 어려운 일이다. 어떤 사람에게 도움이 되는 것이 다른 사람에게는 오히려 방해가 되기도 한다. 그럼에도 불구하고 여기에 영감을 줄 만한 방법을 세 가지 더 소개하겠다.

첫 번째로 귀마개를 끼고 일하는 것이 어떤지 시도해보라. 이상한 기분이 드는가? 그렇다면 그만두라. 반대로 귀마개를 꼈을 때 훨씬 더 혼자 있는 기분이 들고 거품 속에 둥실둥실 떠 있는 기분이 든다면 시험 삼아 귀마개를 끼고 일해보라.

그리고 두 번째로 무언가를 입에 넣어라. 껌, 초콜릿, 강한 민트 맛이 나는 사탕 등 당신이 좋아하는 것이면 뭐든 괜찮다. 그것은 당신을 안정시키고 생각을 정리하도록 돕는다. 당분을 통해 활력도 높일 수 있다. 커피나 차처럼 뜨거운 음료도 비슷한 효과를 낼 수 있다.

마지막으로 집중을 방해하는 생각에 맞서 싸우지 마라. 그런 생각을 원망하지 마라. 화를 내지도 마라. 생각의 근거를 알아내려고 자문하지도 마라. 왜 하필 내게 그런 일이 일어나지? 무엇이 잘못된 걸까? 아픈가? 이게 정상일 수 있나? 등등. 방해가 되는 생각이 거기에 있거나 계속 새로이 떠오른다는 사실을 받아들여라. 그리고 그 생각들을 무시하라. 사람들이 승강기나 지하철에 혼자 타고 있지 않다는 사실을 존중하는 것처럼. 한 공간 안에 분명히 다른 승객들도 있다. 하지만 아무 문제없다. 그냥 점잖게 주의를 기울이지 않으면 상황은 그럭저럭 견딜만하다. 그와 반대로 당신이 혼자 있지 못하고 방해받는 것에 대해 분개한다면 훼방꾼의 가치를 높여주고 그에게 에너지를 주어 본래보다 더 강력하게 만드는 꼴이 된다.

5장

'아주 작게' 시작하라

지금 시작하기 위한 전략

꿈을 품고
뭔가 할 수 있다면
그것을 시작하라.
새로운 일을 시작하는
용기 속에 당신의 천재성과
능력과 기적이 모두 숨어 있다.

-괴테

지금 당장 시작하게 하는 기술

이상과 미래상이 목표 설정 지도에 명확히 놓여 있고, 실천 계획이 작성되었고, 산만함도 제거되었다. 멋지다. 그럼 이제 시작하는 즐거움에 빠져보자!

> 지금 당장 시작하는 방법은
> 한 가지만 있는 게 아니다.

당신은 앞에서 이미 손쉽게 시작으로 '미끄러져 들어갈 수 있는' 방법을 알게 되었다. 그 방법은 업무를 한 문장으로 요약해 적는 것이다. 그러면 빈 종이는 이제 비어있지 않으므로 당신은 이미 일을 시작한 것이 된다. 이 방법은 한편으로 업무와 빈 종이 앞에서의 망설임을 극복하는 데 도움을 주고, 다른 한편으로는 업무에 대해 마음의 준비를 하고 주제에서 벗어나지 않았는지 확인하는 데 도움을 준다.

압박 없이 시작할 수 있도록 실천 계획의 첫 단계는 아무것도 작업하지 않는 것으로 남겨두고 다음 계획을 미리 실천해 앞서 나가는 부분을 얻어내는 수법도 유용했다. 진행 지표와 중간 목표 같은 게임화 요소들은 작업을 꾸준히 이어가도록 돕는다.

다음에서 우리는 지금 당장 시작할 수 있게 하는 구체적인 기술들을 좀 더 살펴보고자 한다. 조용히 모든 내용을 꼼꼼히 읽은 후 마음에 드는 기술을 골라라. 마음에 들지 않는 것은 그냥 무시하라.

터무니없을 만큼 작게 시작하라

압박! 압박! 늘 우리를 따라다니는 이놈의 압박감! 사람들은 대부분 계속 망설이면서 큰 압박감을 느낀다. 당신이 당장 시작할 수 없는 이유는 높은 수준의 요구 사항을 제대로 처리할 수 없을까 봐 두렵기 때문이다. 다른 사람이 제기한 요구 사항이든 당신이 스스로 부과한 요구 사항이든 마찬가지다.

이 갑갑한 압박감에서 풀려날 수 있는 좋은 방법은 처음에는 요구 사항 수준을 의도적으로 낮게 정하는 것이다. 이 수법은 일종의 거래를 맺는 것과 같다.

"자, 친애하는 잠재의식아, 우리가 정한 높은 수준의 요구 사항은 유지되는 거야. 우리는 거기에서 조금도 벗어나지 않아. 하지만 처음에는 아주 낮은 수준의 요구 사항으로 시작하도록 허락해줘. 그래야 더 쉽고, 더 빠르게 시작할 수 있거든. 그런 다음 우리가 원하는 수준에 이를 때까지 차차 수준을 높여가면 돼. 합의하는 거지?"

이제 다음 항목들을 하나하나 실행해보라.

1. 업무 장소에 앉아라.

2. 편안히 뒤로 기대라(비유적 의미인 것만이 아니라 실제로도 그렇게 하라는 말이다). 그리고 야망을 전혀 갖지 않은 누군가가 과제를 해결해야 한다면 어떻게 할 수 있을지 자문해보라. 아무 재능도 없고 시시한 해결책만으로도 만족할 수 있을 사람이 문제를 해결하려면 어떤 식으로 일에 착수할까?

3. 그 평범한 해결책을 빠르게 요약해서 적거나 간략히 스케치하라. 무언가를 적음으로써 이미 당신은 시작한 것이나 마찬가지다.

4. 아주 잘 했다. 당신은 당연히 이 낮은 수준을 높일 수 있을 것이다! 이제 적어도 야망을 조금 가진 사람은 그 과제를 어떻게 해결하려고 시도할지 생각해보라. 그 사람은 완벽함과 야심 면에서 당신보다 훨씬 뒤처지지만, 무슨 일이 있어도 꽤 괜찮은 해결책을 내놓고 싶어 한다. 따라서 그 사람이 일에 어떻게 접근할 것인지 생각해보고 아이디어를 적어라.

5. 좋다. 아직 최선책과는 거리가 멀지만, 적어도 첫 번째 아이디어보다는 낫다. 당신은 자신이 그 일을 더 잘할 수 있다는 것을 안다. 그러니 계속해보자. 누군가가 사람들 앞에 당당하게 내놓을 수 있는, 자랑할 만한 해결책을 만들어내고 싶다면 그 사람은 이

제 무엇을 해야 할까? 어쩌면 당신은 이런 상황에 어울리는 동료가 생각날 수도 있다. 이 동료의 처지가 되어 적절한 해결책을 생각해보라.

6. 당신은 마지막 아이디어를 살펴보며 이런 생각이 들 것이다. 그래, 그렇게 할 수 있지만 반드시 그래야 하는 건 아니야. 발전의 여지가 아직 많이 남았다. 따라서 좋은 해결책을 원하는 누군가의 처지가 되어보라. 유능하다고 알려진 동료의 처지가 되어보라. 그러면 문제에 어떤 식으로 접근할까? 생각해낸 아이디어를 적은 후 다음 단계를 준비하라.

7. 당신은 단지 '좋은 것'만으로는 만족하지 못한다. 고무적인 해결책을 원한다. 당신이 업무 실력을 인정하고 훌륭하다고 생각하는 사람의 처지가 되어보라. 그 사람이라면 과제를 어떻게 해결할까? 어떤 결과물을 제시할까? 자신을 전문가라고 상상하면서 끈기 있게 아이디어를 내려고 노력하라. 잘 되지 않으면 마찬가지로 아주 우수한 다른 동료의 역할로 바꾸어 상상하라. 가능한 방법은 많다. 기업의 최우수 사원, 사장, 회사 설립자, 경쟁사에서 가장 창의적인 직원, 외국에서 가장 뛰어난 사상가, 업무 교육 강사 등을 생각해보라.

8. 고무적인 아이디어가 나올 때까지 수준을 점점 더 높여라. 그런 아이디어를 생각해냈다는 징후로 펄쩍 뛰어올라 곧바로 그 아이디어를 누군가에게 설명해주어야 할 것 같은 느낌이 들 것이다. 아이디어가 매우 훌륭해서 당장이라도 누군가와 당신의 발견을 공유하고 싶은 것이다. 이런 느낌이 든다면 당신은 정말로 굉장한

해결책을 발견한 듯 보인다.

시작을 최대한 쉽게 만들어야 한다는 점에 주의하라. 여기에서 다루는 문제는 유용한 해결책을 찾아내는 것이 아니라 '지금 당장 시작하는 방법'이라는 사실을 다시 한 번 강조하고 싶다. 터무니없을 만큼 작게 시작하라. 전혀 말이 안 되는 무언가로 시작하라. 살면서 절대로 상상하지 못했을 아이디어로 시작하라. 그럼에도 불구하고 시작하라! 달려들어라. 과정에 착수하라. 다른 말로 하면, 거리낌 없이 잘 못해도 된다. 모든 요구 사항을 내려놓아라. 우수함에 대한 욕망이 당신을 방해한다. 따라서 처음에는 그런 생각을 완전히 포기해야 한다. 그것이 이 기술의 수법이다.

> 낮은 수준으로 시작하는 것을 주저하지 마라.
> 초라해보이는 그것이 실제로는 큰 성공이다.
> 당신은 이미 시작했으니까.

이번에는 '소설 도입부'를 또 다른 예로 들어보자. 작가들은 도입부를 생각해내는 것이 얼마나 어려운지 잘 알고 있다. 소설에서 좋은 첫 문장을 쓰는 건 특히 높은 장벽이다. 우열을 가리기 힘든 유명한 첫 문장이 수없이 많기 때문이다.

하지만 우리는 이제 곧바로 시작할 수 있는 유용한 비결, 즉 작은 시작을 이용하는 기술을 알고 있으니 문제없다. 그 예시로 프란

츠 카프카Franz Kafka가 그의 유명한 작품 《변신Die Verwandlung》을 어떻게 시작할 수 있었을지(물론 순전히 허구다) 파악해보자. 맨 마지막에 실제 소설의 첫 문장을 인용해두었다.

- 1단계: 아무런 야망 없이 빈약한 해결책으로 그냥 시작한다. '그레고르 잠자는 눈을 떴다.' 재미있거나 긴장감이 넘치지는 않지만 상관없다. 우리는 시작했다!
- 2단계: 약간 야심차졌다. '그레고르 잠자는 눈을 뜨고 까무러칠 정도로 놀랐다.'
- 3단계: 그럭저럭 괜찮다. '그레고르 잠자는 불쾌한 꿈을 꾸다 깜짝 놀라 일어났다. 그는 하룻밤사이에 벌레로 변해버렸다.'
- 4단계: 만족스럽다. '그레고르 잠자는 불쾌한 꿈에서 깨어나 자신이 하룻밤 사이에 벌레로 변해버린 것을 깨달았다.'
- 5단계: 소설의 원래 문장은 이렇다. '그레고르 잠자는 불쾌한 꿈에서 깨어나 침대에서 거대한 해충으로 변해버린 자신을 발견했다.'

기업가처럼 생각하라

서비스 제공자로서 해결책을 찾아낼 때 우리는 보통 자기 자신이 아닌 해당 서비스의 위임자를 위해 아이디어를 준비한다. 이제 다른 누군가를 위해서가 아닌 자기 자신을 위해 노력한다고 상상하면 느낌이 완전히 다르다. 프로젝트를 수립하려고 상당한 자금을 투자한 기업가의 처지가 되어보라.

우리는 즉시 기업가에게 가해지는 것과 똑같은 압박을 느끼게 된다. 어쩌면 이 압박이 많은 일을 가로막을 수 있다. 따라서 압박이 불편하게 느껴진다면 이 방법은 아마 당신에게 적합하지 않을 것이다. 만약 아무 문제없다면 이것은 대단히 의욕적이고 헌신적으로 시작할 수 있게 하는 멋진 기술이 될 것이다.

'기업가처럼 생각하기' 방법은 마음이 썩 내키지 않는 어렵고 복잡한 주제를 다룰 때에도 큰 도움이 된다. 기업가는 일을 다른 관점으로 본다. 기업가에게 지루한 프로젝트란 없다. 잠재력이 크거나 작은 프로젝트만 있을 뿐이다.

> 어떤 일을 자기 일로 여기는 사람은
> 분명히 더 의욕적이고 헌신적이다.

예를 들어보자. 기업가 U는 어느 음악 축제에 참석해 옥외 화장실 앞에 줄이 길게 늘어선 것을 발견한다. 마침내 그의 차례가 되고 보니 화장실이 아주 형편없다. 그는 이 상황을 개선할 수 없을까 자문하고는 계획을 수립한다. 기업가 U는 고객들에게 완전히 새로운 화장실을 제공하고 싶다. 스스로 알아서 청소하는 화장실. 게다가 화장실 건물은 세련된 디자인이어야 하고 다른 여느 화장실보다 두 배 넓은 공간을 제공해야 한다. 당신이 건축가이고 기업가 U에게서 이 옥외 화장실의 설계를 위임받는다고 가정하자. 당신은 그 일에 대해 듣고 처음에는 흥미를 가졌다가 이내 거절하고 싶어진다. 옥외 화장실 설계는 당신의 수준과 맞지 않는다고 생각하기 때문이다. 하지만 보수가 상당히 좋을 것이며 마침 다른 프로젝트도 예기치 않게 연기되었다. 당신은 시간도 있고 좋은 보수도 받게 될 것이므로 일을 맡기로 한다. 하지만(이렇게 말해 미안하다) '거지같은 프로젝트'에 착수해야만 하는 상황에 대해 화가 난다.

이때 아이디어를 갖고 계획을 실행하는 데 많은 돈을 투자한 기업가의 역할에 몰입해보라. 당신이 40만 유로를 옥외 화장실 건설에 투자하고 모든 것을 고려하여 4년 후 25만 유로 이상의 순수익을 벌어들일 수 있으리라 기대한다고 상상하라. 액수는 단지 당신에게 동기를 좀 더 부여하기 위해 꾸며낸 것이다. 잘 생각해보면 이 프로젝트로 25만 유로를 벌 수 있다는 전망은 결코 나쁘지 않다. 게다가 그것은 겨우 시작일 뿐이다!

기업가는 직원과 다르게 생각한다.
그는 기회를 알아보고 이상을 품는다.

당신 자신을 기업가 바이러스에 감염되게 하라. 당신은 이런 생각이 프로젝트에 대한 당신의 태도를 어떻게 바꾸는지 금세 알아차릴 것이다. 갑자기 그것은 거지같은 프로젝트가 아니라 '천재적인 아이디어'와 '근사한 기회'가 된다. 그리고 당신에게는 최선을 다하기 위한 엄청난 에너지가 생겨난다.

무슨 일이 일어났는가? 당신은 관점을 바꾸었다. 이전에는 '고작' 서비스 제공자로서 다른 사람을 위해 일하던 당신이 이제는 스스로 서비스 위임자가 된다. 프로젝트를 자기 일로 여긴다. 더는 그의 프로젝트가 아니라 당신 자신의 프로젝트다. 다음 사항들을 실행해보라.

1. 프로젝트를 실행에 옮기고 싶어 하는 진취적인 기업가의 처지가 되어보라. 프로젝트 위임자가 실제로 기업가든 아니든 상관없다. 국가나 그룹이 프로젝트를 위임했어도 당신은 기업가의 역할을 맡은 것으로 상상하기 바란다.

2. 문제를 당신 자신의 문제인 것처럼 적어라. 몇 문장으로 간단히 적는 것이 제일 좋다. 예를 들면 다음과 같다. '나는 진취적인 기업가이고 완전히 새로운 옥외 화장실을 지어 축제 참가자들을 위한 위생시설을 획기적으로 개선해 몇 년 후에는 25만 유로의 소득을 올리고 싶다.' 당신에게 동기를 부여하는 문장으로 프로젝트 이행 사유를 적는 것이 합리적이다. 영화 제작자이자 기업가인 조지 루카스George Lucas가 한 말을 기억하라. "사람은 이기적으로 자기 자신만을 생각하지 않고 다른 사람을 생각할 때 가장 행복해진다." 당신이 다른 사람들의 상황도 개선하고 높은 소득도 올린다면 훨씬 더 좋다.

3. 말하고 적는 것으로 그치지 말고 느껴라! 생각뿐만 아니라 마음으로도 집중한다면 느낌은 더욱 강력해진다. 프로젝트에 대한 당신의 태도가 어떻게 변했는지 느껴지는가? 이 변화를 느끼는 즉시 시작하라.

4. 변화된 느낌을 갖기까지는 보통 오랜 시간이 걸리지 않는다. 느낌이 변하고 생각이 변하면 태도도 함께 변한다. 당장 시작하고 싶은 열망이 생긴다. 기업가 바이러스가 당신을 재촉할 것이다. 지금 당장 시작하는 것이 더는 문제되지 않는다.

우리는 이 방법의 문제점인 압박감 형성에 대해 이미 잠깐 살펴보았다. 그것이 당신에게 문제가 되면 당신이 역할극을 하는 것뿐이라고, 모의실험을 하는 것뿐이라고 의식하라. 이렇게 생각하고 나면 압박감이 금방 가라앉을 것이다. 어쩌면 이런 방식으로 이 전략을 일에 활용할 수 있을 것이다. 지금 당장 시도해보라. 이 방식이 어렵게 느껴진다면 억지로 시도하지 마라. 선택할 수 있는 다른 방법이 아직 많이 있다.

쉬운 것부터 시작하라

일반적으로 시작을 알아차리지 못한 상태로 당장 시작할 수 있는 좋은 방법은 쉬운 것부터 먼저 시작하는 것이다. 이 접근법을 통해 당신은 망설임과 차단, 두려움을 없애고 시작 없이 시작할 수 있게 된다. 아이디어는 간단하다. 사고 과정 없이 시작하기 때문에 미리 두려움을 가질 필요가 없다. 그 대신 당신이 쉽다고 여기는 다른 무언가로 시작한다.

목적을 가지고 시작하지 말고 업무 분장으로만 가볍게 시작하라.

예를 들어 당신은 업무 분장 내지 지시 사항을 상세히 살펴보는 것으로 시작할 수 있다. 업무는 어떤가, 내용이 무엇인가, 표적 집단은 누구인가, 어떤 어려움이 있는가? 지시 사항을 깊이 파고들어라. 조사하고 연구하라. 근거를 물어라. 업무에 더 많이 몰두할수록 당신의 뇌는(원하지 않아도) 어느 방향으로 가야 해결책을 찾을 수 있는지에 대해 더 많은 생각을 내놓는다. 그것은 강도 높은 질문 과정에 자동적으로 따라오는 부수적 현상이다. 우리가 뇌에 끊임없이 질문을 던지거나 한동안 어떤 주제를 두고 계속 생각하면 뇌는 자동적으로 답변을 내놓는다.

연구자로서 당신은 문제를 깊이 이해하려고 노력할 수 있다. 열매가 훨씬 더 많이 달리는 씨앗을 만들어내는 것이 과제라면 그 과제에 곧바로 몰두하지 마라. 과제는 그냥 무시하라. 차라리 토양이 제공하는 기본 조건에 집중하라. 날씨의 영향을 분석하라. 간단히 말해서, 무리한 일을 시도하느니 차라리 문제를 피해 우아하게 옆문으로 돌아가는 게 낫다는 뜻이다.

닐스 보어의 원자 모형에 대해 발표해야 하는 어느 학생이 곧장 원자 모형으로 발표를 시작하지 않고 닐스 보어에 관한 이야기로 시작하는 것을 예로 들 수 있다. 그는 누구였는가? 어떻게 자랐는가? 어떻게 살았는가? 이런 식으로 도입이 금세 완료된다.

이번에 소개한 시작 수법은 어렵게 시작하는 것이 아니라 무언가 쉽게 여겨지는 것으로 시작하는 것이다. 예를 들면 업무 분장을 꼼꼼히 분석하는 것으로 프로젝트를 시작할 수 있다. 일단 시작해서 과정이 진행되면 당신은(어쩌면 자신도 모르게) 천천히 질문 궤도에서 답변 궤도로 이동할 것이다.

여기에서 근본적 비결이 드러난다. 관건은 '시작하는 것'이다. 방법은 상관없다. 일단 망설임을 이겨내고 과정을 시작해 계속 진행하다보면 당신은 해결책에 점점 더 가까이 다가가게 되기 때문이다. 다음 사항들을 실행해보라.

1. 어려운 것으로 시작하지 말고 무언가 당신이 쉽다고 여기는 것으로 시작하라. 최대한 간단하게 시작하라. 노력하고 극복해야 할 것이 적을수록 더 좋다. 중요한 것은 '시작하는 것'이다.
2. 당신이 선택한 사안에 몰두하라. 시작했다는 사실을 기뻐하라.
3. 당신의 생각에 주의하라. 언젠가 당신은 본래 문제 혹은 본래 업무에 점차 다가가게 될 것이다. 마침내 당신은 업무에 대해 깊이 생각하게 된다. 그 상황을 인지하라.

다른 관점으로 해결책을 찾아라

'기업가처럼 생각하기' 전략에서 이미 우리는 기업가의 역할에 몰입한 바 있다. 하지만 이제 당신은 더 많은 역할에 몰입해볼 수 있다. 여기에 몇 가지 예를 들어보겠다.

• 당신의 전문 분야에서 가장 뛰어난 동료는 어떻게 그 문제에 착

수할까?

- 당신의 전문 분야에서 가장 실력이 좋지 않은 동료는 어떻게 생각할까?
- 당신의 사장은 그 일에 어떻게 접근할까?
- 당신의 업무 교육 강사는 뭐라고 말할까?
- 주제에 대해 전혀 모르는 알프는 그 문제를 어떻게 해결할까?
- 영화배우 척 노리스는 어떻게 자기 가치를 증명할까?
- 당신이 좋아하는 인기스타는 어떻게 반응할까?

한 문제를 다른 관점으로 보는 것은 다양한 해결책을 제시한다.

재미있고 신나는 관점을 찾아라. 당신이 원하는 사람의 처지가 되어보고 그 사람이라면 문제를 어떻게 해결할지 자문하면서 당신은 즐거운 시간을 보낼 것이다. 하지만 가장 중요한 것은 당신이 꾸준히 문제와 씨름하고 문제에 집중할 수 있는 방법을 찾는 일이다. 그것으로 충분하다. 다른 모든 것은 보통 저절로 따라온다. 시작이 이루어지고 과정이 진행된다. 더는 관점 X로 문제에 몰두할 기분이 나지 않으면 그냥 이어서 관점 Y로 바꾸면 된다. 다음과 같이 실행해보라.

1. 문제를 한 문장으로 요약해 적어라.

2. 어떤 관점으로 문제를 관찰할 수 있을지 목록을 작성하라. 언뜻 생각했을 때 적합하지 않아 보이는 독창적인 아이디어를 두고 망설이지 마라. 도널드 덕이 유전자 합성 과정에 대한 과제와 무슨 관련이 있지? 아무 관련도 없다! 이 두 가지를 결합해 무슨 일이 일어나는지 상상하는 것은 그만큼 더 흥미롭다. 이 수법의 관건 또한 쉽게 시작할 수 있는 방법을 찾아내는 일이다.

3. 역할을 골라 그 역할에 진심으로 몰입하라. 당신이 어떤 사람의 역할에 몰입했을 때 그 사람이 문제에 대해 말했을 법한 문장으로 새롭게 표현해보라.

4. 진전이 안 되면 그냥 다른 역할로 바꿔라. 하지만 너무 서둘러서는 안 된다. 좀 더 깊이 생각해야 한다.

5. 문외한의 답변이 해결책을 찾도록 자극을 줄 수도 있다. 가령 도널드 덕이 무언가 완전히 터무니없는 의견을 제시하면 당신은 아마 도전을 받았다고 느끼며 그에게 의견이 잘못되었다는 사실을 말하고 반대 제안을 내놓을 것이다. 아주 좋다. 지금 당신은 당신 자신의 관점으로 아이디어를 피력했다.

의식의 흐름대로 생각하라

이 기술에서 당신은 거의 아무것도 할 필요가 없다. 운 좋게도 당신은 뇌, 그러니까 자동 조종 기능까지 갖춘 슈퍼컴퓨터를 갖고 있다. 그냥 이 컴퓨터가 하는 대로 내버려두라. 첫 단계에서 나는 당신에게 배경 원리를 설명하고 당신도 무엇이든 연상할 수 있다는 것을 분명하게 밝히고 싶다. 당신은 모든 것이 매우 간단해서 아무 노력도 들지 않는다는 사실을 알게 될 것이다.

> 이 방법은 뇌가 하는 대로
> 그냥 내버려두는 것이다.

　내가 당신에게 한 단어를 제시하면 당신은 그때마다 무엇이 떠오르는지 연상하는 것으로 시작해보자. 연상에는 정답도 없고 오답도 없으니 실패할까 봐 두려워할 필요 없다. 착각할까 봐 걱정할 필요도 없다. 따라서 연상에 대해 압박을 느낄 필요가 전혀 없다. 아래 각 단어에 이어지는 단어를 오랫동안 생각하지 말고 즉흥적으로 채워 넣어라.

- 태양 – 달…
- 파란 – 하늘…
- 커피 – 설탕…
- 자동차 – 핸들…
- 큰 – 바위…
- 연한 갈색 – 나무…
- 연필 – 볼펜…
- 어두운 – 새벽…

　보다시피 아주 쉬웠다. 어쩌면 당신은 '태양'에 '비'로 답했을지 모른다. 혹은 '달'이나 '얼음' 아니면 '나비'나 '환한 웃음'으로 답했을 수도 있다. 이미 말했듯이 정답도 오답도 없다. 누구나 자기만의 답을 내놓을 수 있다. 다음과 같이 실행해보라.

1. 문제를 한 문장으로 요약하라. 그 문장을 종이 중앙에 적어라.
2. 이제 문장에서 당신이 제일 많이 언급한 단어에 대해 자유로이 연상하라.
3. 제일 처음 떠오른 것에 대해 또 연상하라. 종이에 적은 모든 것이 연상을 위한 단서일 수 있다.
4. 이제 전체 문장을 정보로 기억해두고 이 정보에 대해 떠오르는 연상을 찾으려고 시도하라.
5. 문장에서 제일 처음 떠오른 것에 대해 연상하라. 당신은 이미 가볍게 시작했다. 이제 중요한 것은 사고의 흐름 속에서 해결책 방향으로 가는 길을 찾는 일이다.
6. 정보 문장을 이용해 첫 아이디어가 나올 때까지 계속 연상하라.
7. 아이디어를 따라가라. 계속 생각하라.

이 방법은 힘을 거의 들이지 않고 쉽게 시작할 수 있어서 편하다. 뇌가 일을 떠맡아 당신에게서 받은 자극에 자동적으로 반응하니 당신은 힘을 들여 노력할 필요가 없다.

생각나는 대로 적어라
이 방법에서 당신은 당신의 생각을 적는다. 머리를 비워라. 떠오르는 모든 것을 적어라. 하지만 가능하면 논리 정연한 사고의 흐름을 만들어내려고 시도하라. 생각을 곧장 종이로 옮겨라. 손으로 적어도 되고 문서 작성 프로그램에 입력해도 된다. 작업할 때 혼잣말하며 작업하는 방식도 추천할 만하다. 물론 그런 방식이 편할 때에 한해서다. 당신이 자기 내면의 목소리를 잘 들을 수 있다면 조용히 적어도 된다. 질문을 던지고 스스로 그 질문에 답하라. 아래의 예는 '가짜 뉴스Fake News' 주제에 관한 과제를 어떻게 정리할 수 있을지에 대해 다룬다.

과제의 주제는 '가짜 뉴스'다. 주제를 어떻게 정리할 수 있을까? 어디 보자, 그러니까… 사람들이 '가짜 뉴스'에 대해 실제로 어떻게 이해하는지, 용어가 어떻게 등장했는지, 언제 누구에 의해서 등으로 시작할 수 있을 것이다. 그와 동시에 용어의 탄생에 영향을 미친 외부 상황에 대해서도 자세히 논할 수 있을 것이다. 다음으로는 용어가 어떻게 사용되는지, 어떻게 일반적 용어로 자리매김했는지에 대해 예를 들어볼 수 있다. 그러고 나서 무엇을 쓸 수 있을까? '가짜 뉴스'는 언제나 있어왔다고 설명한 뒤 그에 대한 예를 들 수도 있을 것이다. 침략 전쟁과 관련된 오보(誤報)로 시작해서 현대에 이르기까지
…

당신은 이 방법이 글의 형식을 띤 자유로운 사고라는 것을 알았다. 글을 쓸 때는 흐름이 생기도록 시도해야 한다. 흐름은 본격적으로 당신의 생각을 점점 촉진하는 효과를 낸다. 당신이 일단

이 흐름에 들어가면 많은 생각이 저절로 떠오른다. 자동차가 시속 180킬로미터로 가속되어 엄청난 추진력을 갖게 되면 사람이 가속 페달에서 발을 떼어도 저절로 계속 굴러가는 상황과 비슷하다. 이 전략에서 당신은 자신의 추진력을 적절히 사용해 생각의 흐름이 멈추지 않게 한다. 한동안 거침없이 적거나 생각하다 보면 그런 흐름이 생겨난다. 따라서 어려움은 언제나처럼 처음 시작하는 데에 있다. 다음 사항들을 실행해보라.

1. 질문을 하나 적어라.
2. 그 질문을 소리 내어 읽어라.
3. 이제 질문에 대해 떠오르는 모든 생각을 적어라. 맞춤법이나 마침표, 쉼표 따위는 신경 쓰거나 검사하지 마라. 대신에 글에 흐름이 생겨나도록 시도하라. 당신이 생각하는 것을 적어라.
4. 적는 동안 글을 소리 내어 읽어도 된다. 그러는 것이 편하다면.

인위적으로 시간 압박을 만들어라

다른 방도가 전혀 없을 때에야 과제를 시작하는 현상이 있다. 말하자면 물이 이미 목까지 차오른 상황이다. 이런 절박한 상황을 통해서야 정신을 차리고 갑자기 엄청나게 적극적이 된다. 이미 너무 늦었을까 봐 두렵기 때문이다. 어떤 사람들은 "맙소사! 너무 늦었어!"라는 충격을 받고서야 프로젝트를 시작하기로 결심한다. 시간 압박과 임박한 대참사는 사람들을 이제 놀라울 정도로 빠르게, 큰 에너지를 갖고 목표로 향하게 한다.

하지만 이런 행동은 힘이 들고 전혀 편하지 않다. 끊임없이 실패가 임박했다는 느낌을 받기 때문이다. 과제 기한이 촉박해서 밤을 새기도 하는데, 이는 건강에도 좋지 않다.

인위적인 시간 압박은
지금 당장 속도를 내야만 하도록 우리를 압박한다.

'인위적 시간 압박' 방법에서 우리는 시간 압박의 극적인 단점을 배제하고 장점만 이용하고자 한다. 예를 들어 어느 프로젝트를 2주 동안 완수해야 한다면 우리는 그 프로젝트를 이틀이나 사흘 만에 완수해야 하는 것처럼 시작한다. 시간 압박이 생겨난다. 그와 함께 조금도 낭비할 시간 없이 당장 시작하기 위해 힘과 기운, 각성과 추진력도 생겨난다. 우리는 당연히 속으로 아직 시간이 충분하다는 사실을 알고 있기 때문에 부정적 영향은 완화된다. 따라서 문제는 기존의 정보들을 어떻게 이용할 수 있느냐에 달려있다. 우리는 과연 인위적 시간 압박을 받는 상황으로 들어갈 수 있을까? 다음 항목들을 실행해보라.

1. 지시 사항을 받자마자 시작하라. 시작을 미루는 잘못을 저지르지 마라. 한 번 미루기 시작하면 계속 미루게 된다. 하루를 미루고 나면 그다음엔 이틀을 미루게 되고, 그다음엔 사흘… 그러다가 정말 너무 늦어졌을 때에야 시작한다. 그러니 무조건 당장 시작하라.

2. 문제를 해결할 수 있으려면 시간이 얼마나 필요할지 생각해보라.

3. 예를 들어 5일이 필요하면 자신에게 3일을 주어라. 그러면 시간 압박이 생긴다.

4. 5일이 필요한데도 불구하고 시간이 3일밖에 없다고? 지금이 편안하게 책이나 읽고 있을 때야? 책을 내려놓고 당장 시작해!

5. 인위적 스트레스를 허용하라. 인위적 스트레스는 에너지를 방출해서 당신이 당장 시작하도록 돕는다. 하지만 스트레스가 지나치게 심해지지는 않을 것이다. 어쨌든 당신에게는 충분한 것 이상으로 많은 시간이 있으니까.

6. 당신이 원래 끝내야 하는 기한보다 더 일찍 일을 끝냈다는 사실을 기뻐하라. 단, 당신이 성공할 것 같다는 이유로 중간에 며칠 휴식을 취하고자 하는 잘못을 저지르지 마라. 즉시 진행을 시작하고 일이 끝날 때까지 중간에 쉬고 싶다는 생각을 거부하라.

압박을 느끼며 일하는 것에 문제가 있다면 그것이 인위적 압박에 불과하다는 것을 인식하라. 그렇다고 지나치게 안심해서도 안 된다. 그러면 원칙이 부조리하다는 것을 논증하는 셈이 될 것이다. 아무 성과도 내지 못하는 창피한 상황이 닥치는 것을 피하려고 압박을 통해 당장 서둘러 '시작하지 않을 수 없도록' 강요하는 것이 이 수법의 의도이다.

주어진 시간은 단, 60분!
당장 시작하겠다고 단단히 마음먹기 힘든 경우에는 이 방법이 도움을 준다. 더는 아무 일도 되지 않는 경우를 위한 방법이라 할 수 있다. 인위적 시간 압박의 대안인 이 방법은 완전히 의욕을 잃어서 아무리 해도 정신을 차릴 수 없을 때 도움을 줄 수 있다. '60분' 기술은 당신이 자신과 거래를 맺는 것이다. 60분 동안 전력을 다해 일한 후 오늘은 쉬겠다고. 60분 동안 많은 일이 일어날 수 있고, 정말 집중해서 일한다면 많은 성과를 낼 수 있으므로 공정한 거래이다. 동시에 60분은 생각보다 그리 긴 시간도 아니어서 시작을 가로막는 장애물이 별로 없다.

우리는 진작 시작했어야 한다고 느끼는 것이 얼마나 괴로운지 알면서도 좀처럼 시작할 마음을 먹을 수가 없다. 양심의 가책이 천천히 무자비하게 우리를 애태운다. 그런 상태가 몇 시간은 물론이고 며칠 이상 이어질 수 있다. 그러니 즉시 60분을 거래한 뒤 쉬는 것이 낫다. 적어도 오늘은. 게다가 60분간 집중된 작업을 통해 정신이 들고 기운이 생겨 계속 일하고 싶어질지 누가 알겠는가. 여기에서도 시작에 제일 큰 노력이 필요하다. 우리는 시작에 성공해야 한다. 다음 항목들을 실행해보라.

1. 오늘은 당신의 날이 아니라고 솔직히 시인하라. 당신이 이미 어제와 그제도 그렇게 말하지 않은 한 아무 이상 없다.
2. 그럼에도 불구하고 오늘을 빈둥거리기만 하며 보내지 않겠다고 결심하라.
3. 자신에게 60분 거래를 제시하라. 지금 당장 60분 동안 전력을 다해 일하고 나서 나머지 시간에는 휴식을 취하기로.

4. 거래 내용을 글로 쓴 뒤 몇 시에 시작했는지 시각을 적어라.

5. 60분 후 당신이 해낸 모든 것에 대해 기뻐하라. 원래 그날 계획했던 양에 못 미칠 수도 있지만, 아무것도 안 한 것보다는 훨씬 낫다. 계획대로 오늘은 그만하고 싶은지 혹은 계속해서 일해야겠는지 자문해보라. 둘 다 괜찮다. 어쩌면 당신은 60분을 통해 다시 새로운 추진력을 얻어 소위 최악의 상태에서 빠져나왔을 수도 있으니까.

이미 말했듯이 이 방법은 자신에게 시작할 동기를 부여하기 위한 전술적 수단일 수 있다. 그 배후의 원리는 다음 방법에서 살펴보기로 하자.

한 걸음만 더!

당신이 마라톤 선수라면 이 방법이 익숙할지도 모른다. 이미 힘이 많이 빠져버린 선수에게는 그를 계속 움직이게 하는 생각이 필요하다. 이때 효과적인 수법이 자신에게 '좋아, 저기 앞에 있는 급수대까지만 뛰자'라고 말하는 것이다. 그곳에 도착하고 나면 선수는 아마 멈추지 않고 '좋아, 저 뒤편 늙은 떡갈나무까지만 더 뛰자'라고 말할 것이다. 떡갈나무에 도달하면 선수는 근처에 있는 새로운 목표를 찾은 후 '좋아, 다리까지만 더 뛰자'라고 말한다. 이런 식으로 계속 이어진다. 마라톤 선수는 이런 말을 할 때 정말로 멈출 의도가 전혀 없다. 그는 일부러 빨리 달성할 수 있을 것 같아 보이는 작은 목표들을 세운다. 힘이 거의 남아있지 않은데도 불구하고 그렇게 한다. 그가 '좋아, 22킬로미터만 더 뛰자'라고 말한다면 이 압도적으로 긴 거리를 고려할 때 차라리 포기하는 게 낫겠다고 결정하기 쉬울 것이다. 그러니 최소한 몇백 미터만 더 달리는 것에 집중하는 편이 낫다.

| 큰 목표는 우리가 쉽게 달성할 수 있는
| 여러 작은 목표들로 나뉜다.

이 방법의 접근법은 '60분' 기술과 매우 비슷하다. 우리는 쉽게 달성할 수 있는 아주 낮은 수준의 목표를 정한다. 목표는 60분 기술에서처럼 시간으로 표현할 수도 있고 혹은 성취도로 표현할 수 있다. 예를 들면 다음과 같다.

- 좋아, 15분만 더.
- 좋아, 75쪽까지만 더.
- 좋아, 기본 개념까지만 더.
- 좋아, 아령 연습까지만 더.
- 좋아, 첫 번째 부제목까지만 더.
- 좋아, 밑그림까지만 더.
- 좋아, 한 분기 매출액까지만 더.
- 등등

> 작은 목표가 완료될 때마다 기쁨과 의욕이 증가해
> 훨씬 더 많은 것을 해낼 수 있다.

이 기발한 개념 덕분에 우리는 작은 목표들을 연이어 달성해낸다. 작은 성공을 계속해서 체험하고 그로 인해 끊임없이 성취감을 맛보면서 새로운 힘이 계속 생겨나는 효과가 있다. 원래는 다음 급수대까지만 가려했는데 벌써 산기슭에 이르렀다니 멋지지 않은가! 다음 항목들을 실행해보라.

1. 쉽게 달성할 것이 확실한 가벼운 목표를 정하라. "좋아, 이 목표를 달성할 때까지만 일하자"라고 말하라.

2. 이 목표를 쉽고 빠르게 달성했다는 사실에 기뻐하라. 잘했다. 당신은 이미 시작했고 벌써 꽤 순조롭게 진행 중이다. 이제 똑같이 쉽게 달성할 수 있을 만한 새로운 목표를 정하라. "좋아, 이 목표를 달성할 때까지만 더"라고 말하라.

3. 아주 잘됐다! 당신은 이 목표도 달성했다. 세 번째 목표에 대한 동기를 부여받기 위해 당신의 성취감을 이용하라. 세 번째 목표도 쉽게 달성될 수 있는 것이어야 한다. 그리고 이렇게 말하라. "좋아, 아주 잘되고 있어. 이 세 번째 목표도 해내야지. 이 목표 하나만 더"

4. 당신이 정말로 만족해서 끝내고 싶을 때까지 이 방법을 계속 구사하라.

작업 시간을 제한하라

이 기술은 미루는 습관이 문제일 때 특히 효과가 좋은 방법으로 통한다. 원리는 작업 시간을 인위적으로 부족하게 만드는 것이다. 하루를 일정하게 두 시간대로 나눈다. 두 시간대 사이의 간격은 최소한 20분을 두어야 한다. 첫 번째 시간대, 즉 첫 번째로 계획된 작업 시간은 예를 들어 9시에서 11시까지이고, 두 번째로 계획된 작업 시간은 14시에서 16시까지이다. 두 시간대를 합쳐 하나의 기간이 된다. 이 기간 외에는 작업할 수 없다.

"좋아, 드디어 일할 수 있겠다"로 관점을 바꾸는 것이 이 기술의 관건이다.

작업 시간이 줄어들면 그만큼 귀중해진다. 책정된 시간을 효율적으로 사용할 수밖에 없다. 둘째 날부터는 작업 지속시간을 이전 기간의 작업 효율에 의거해 판단한다. 이 효율 값은 다음과 같이 산출되며 이 계산의 결과는 백분율로 표시된다.

실제 작업 시간 × 100 ÷ 계획된 작업 시간 = X %

- 효율이 50퍼센트 이하인 경우에 다음 기간의 작업 시간은 늘어날 수 없다. 당신이 아직 충분히 효율적이지 못하고 미루는 습관을 제대로 통제하지 못하는 상태이기 때문이다.

- 효율이 51퍼센트에서 75퍼센트 사이인 경우, 작업 시간은 약 25 퍼센트 늘어날 수 있다.
- 효율이 76퍼센트 이상인 경우, 작업 시간은 약 50퍼센트 늘어날 수 있다.

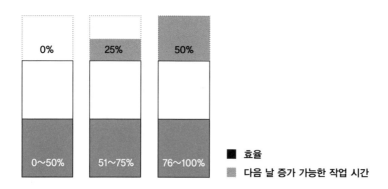

작업 시간을 늘리고 싶은지 아닌지는 당신이 스스로 결정해야 한다. 혼란스러운가? 혹시 지금 막 책장을 넘겨버리려던 참인가? 숫자가 너무 많은가? 학창시절부터 이미 계산하는 걸 좋아하지 않았는가? 걱정할 것 없다. 숫자 때문에 혼란스러웠다면 분명히 이해가 가도록 예를 하나 들어보겠다.

* 시간대 1

계획된 작업 시간 1: 9시부터 11시까지, 120분

실제 작업 시간: 9시 30분부터 11시까지, 90분. 즉, 꾸물대며 미루느라 30분을 잡아먹었다.

* 시간대 2

계획된 작업 시간 2: 14시부터 16시까지, 120분.

실제 작업 시간: 14시 20분부터 16시까지, 100분. 즉, 꾸물대며 미루느라 20분을 잡아먹었다.

이제 작업 효율은 다음과 같이 계산된다(기억해두자). 실제 총 작업 시간 × 100 ÷ 계획된 작업 시간 = X %. 여기에 우리가 들었던 예를 대입하면 다음과 같다.

190분 × 100 ÷ 240분 = 79 %.

이 계산법은 당신이 다음 기간의 작업 시간을 약 50퍼센트 늘려도 좋다는 것을 의미한다. 다음 기간 대신 다음 주 작업 시간에 맞출 수도 있다. 다음 쪽에 실린 양식은 작업 효율 계산에 유용하므로 복사해서 사용해도 된다.

이제 계산할 필요 없이 이 방법을 이용할 수 있도록 도움말을 주겠다. 당신에게 계산이 너무 복잡하다면 원리만이라도 시험해보라. 스스로 두 시간대를 정해놓은 다음 이 시간대 외에 작업하는 것을 금하라. 그러면 당신은 작업 시간과 휴식시간을 분명하게 구분할 수 있으므로 빠르고 능률적으로 시작하게 된다. 동시에 이 방법은 당신이 현실적인 목표를 세우고, 작업 시간을 어떻게든 견뎌야 하는 시간이 아니라 귀중한 시간으로 여기도록 돕는다. 당신이 정한

예시	
작업 시간1	작업 시간2
계획된 작업 시간 **120분** (9:00 ~ 11:00)	계획된 작업 시간 **120분** (14:00 ~ 16:00)
실제 작업 시간 **90분** (9:20 ~ 11:00)	실제 작업 시간 **100분** (14:20 ~ 16:00)
꾸물대며 미룬 시간 **30분** (120분 − 90분)	꾸물대며 미룬 시간 **20분** (120분 − 100분)

작업 효율 계산 :

실제 총 작업 시간(분) x 100/계획된 총 작업 시간(분)
= 작업 효율(%)

190분 x 100/240분 = 79(%)

___월 ___일	
작업 시간1	작업 시간2
계획된 작업 시간 **___분** (__시 − __시)	계획된 작업 시간 **___분** (__시 − __시)
실제 작업 시간 **___분** (__시_분 − __시)	실제 작업 시간 **___분** (__시_분− __시)
꾸물대며 미룬 시간 **___분** (_분 − _분)	꾸물대며 미룬 시간 **___분** (_분 − _분)

작업 효율 계산 :

실제 총 작업 시간(분) x 100/계획된 총 작업 시간(분)
= 작업 효율(%)

__분 x 100/__분 = __(%)

시간대가 언제이고 실제로 언제 작업했는지 기록하라. 정해둔 기준에 가까웠다면 당신은 다음번에 작업 시간을 늘려도 된다. 미루는 습관 때문에 시간을 허비해서 정시에 시작하지 못했다면 다음번에 작업 시간을 늘릴 수 없다.

남은 배터리만큼만 일하라

이번에는 작업 시간 제한에 관한 아이디어를 다른 식으로 바꿔보자. 이 방법은 노트북을 활용한다. 당신의 노트북을 충전한 후 플러그를 빼라. 노트북은 현재 배터리의 에너지만큼만 사용한다. 이제 노트북을 더는 충전할 수 없는 것처럼 행동하라. 배터리는 얼마나 오래 버틸까? 네 시간? 다섯 시간? 어쩌면 여덟 시간? 여덟 시간이 오늘 하루 작업에는 충분할지 모르지만, 전체 프로젝트를 완성하는 데에도 충분할까?

노트북에 배터리가 모자라서 시간이 매우 귀하다고 생각하며 업무를 빨리 진행하라. 무엇을 더 기다리는가? 어서 일을 시작하라! 아직 쓸 수 있는 배터리를 이용하라. 이 인위적 결핍을 통해 보다 쉽게 작업을 시작하고, 비생산적인 산만함을 줄이고, 효율적으로 작업하게 될 것이다. 다음 항목들을 실행해보라.

1. 노트북을 충전하라.
2. 플러그를 뽑은 뒤 배터리가 남은 만큼만 프로젝트 작업을 할 수 있다고 상상하라.
3. 이런 상상이 당신을 재촉하도록 내버려둔 채 업무에 착수하라!

탈출구를 차단하라

나는 이 부분을 짤막한 이야기로 시작하고 싶다. 스페인 정복자 에르난도 코르테스Hernando Cortez는 1519년에 부하 700명을 배 11척에 싣고 전설적인 황금의 땅 엘도라도를 찾기 위해 쿠바에서 멕시코로 건너갔다. 그들은 그곳에서 미개인을 상대하게 되리라 예상했다. 그런데 뜻밖에도 그들은 멕시코가 훌륭한 군대와 함께 잘 조직된 국가제도를 소유했다는 사실을 확인했다. 그 때문에 스페인 군인들 사이에 반란이 일어났다. 코르테스는 재빨리 대처했다. 주동자 두 명을 죽이고 배를 모두 불태웠다. 그런 식으로 코르테스는 부하들에게 '승리 아니면 죽음'이라는 뜻을 분명히 했다. 실제로 군대는 목숨을 걸고 싸워 몬테수마(Montezuma, 아즈텍 제국의 마지막 황제 - 옮긴이)의 제국을 정복했다.

> 자기 뒤에 있는 모든 다리를 끊고,
> 모든 배를 불태운 사람은
> 대담하게 앞으로 행진하는 수밖에 없다.

우리가 이 이야기에서 배울 수 있는 점은 다른 선택의 여지가 남아있지 않고 모든 출구가 막혀버렸을 때, 사람들은 대단한 일을 해낼 수 있다는 것이다. 이 방법에서 당신은 다른 사람들 앞에 당신의 목표를 드러내어 스스로 압박 받는 상황을 만들어 어쩔 수 없는 판국에 처할 수 있다. 예를 들어 당신이 마라톤을 시작하고 싶다면 될 수 있는 대로 많은 지인에게 당신이 반년 뒤 5월 15일에 시내 마라톤에 참가하려 한다고 이야기하라. 떠들어 대라. 이제 더는 물러설 곳이 없다. 무슨 일이 있어도 당신의 약점을 보이고 싶지 않은 상대를 골라 그에게 당신의 목표를 알리는 것이 가장 좋다. 그런 상대는 퉁명스러운 동료일 수도 있고 거만한 이웃일 수도 있다. 이 곤란한 상황에서 다시 빠져나오려고 애쓰지 마라. 비유적 의미에서 그것은 스페인 정복자가 배를 불태운 상황과 같다. 목표를 실현하지 않아도 될 핑계를 생각해본 뒤 목표를 주변에 알릴 때, 이 출구도 완전히 막아버리겠다고 약속하라. 유감스럽게도 미루는 습관은 핑계를 대는 일에 막힘이 없다. 이는 곧 당신이 탈출로를 전부 차단할 수 없다는 것을 뜻한다. 미루는 습관은 늘 무언가 핑곗거리를 찾아낸다는 사실을 명심하라. 최소한 미루는 습관이 핑계를 쉽게 찾아내지 못하도록 애를 먹여라. 그러면서 아주 간단하게 다음 항목들을 실행해보라.

- 어떤 경우에도 당신이 허점을 보이고 싶지 않은 상대를 골라라.
- 모든 가능한 핑계와 탈출로를 미리 생각해보라. 목표를 알릴 때 어떻게 이 가능성들을 막아버릴 수 있을까?
- 상대에게 당신이 계획하는 것을 가능한 구체적이고 구속력 있게 설명하라. 탈출구를 열어두지 않도록 신경 써라.
- 이제 당신은 자신이 원하던 곳에 있다. 당신이 알린 내용을 의무적으로 실천해야 한다.
- 당신이 해낼지 못해낼지에 대해 누군가와 내기해서 당신이 절대

로 이행하고 싶지 않은 것을 걸기로 결정하면 전략은 훨씬 더 강력해진다. 예를 들어 5월 15일에 시내 마라톤에 참가하지 않으면 2주 동안 머리를 온통 초록색으로 염색한 채 지내기로 내기할 수 있다.

목표를 공유하라

이 방법은 같은 목표를 추구하는 집단과 연합하면 더 많은 것을 달성할 수 있다는 생각을 이용한다. 이 집단에서 사람들은 의견을 교환하고, 서로 지원하고, 상호 의무를 질 수 있다. 전형적인 예가 '달리기 모임'이다. 톰과 슈테판과 옌스는 모두 건강해지고 싶다는 목표를 갖고 있다. 당연히 규칙적인 달리기 운동과 건강하고 균형 잡힌 식단을 통해서다. 그들은 같은 지역에 거주하므로 매일 아침 7시에서 8시까지 조깅하기로 약속한다. 그런데 만약 그들 중 한 명이 7시 10분이 되어도 나타나지 않는다면 나머지 사람들은 맥이 완전히 풀려버릴 것이다. 그래서는 안 된다. 셋 중 누구도 다른 사람들이 의기소침해지는 것을 바라지 않는다. 따라서 그들은 매번 새로이 정신을 가다듬고 함께 운동을 마친다.

소속감을 갖고 있으면 사람들은 아침에 침대가 아무리 따뜻하고 포근해도 정신을 차려 일어날 수 있다. 따라서 이 방법은 강력한 도구로서 당신에게 매우 유익한 도움을 제공할 수 있다. 여기에서 주목할 점은 당신이 자율과 자유의 일부를 포기하는 느낌을 받는다는 것이다. 당신은 공식적으로 무언가를 해야만 한다. 왜냐하면 이제 당신의 목표는 당신 혼자만의 것이 아니기 때문이다.

누구나 약해질 때가 있다.
그러니 자신을 함께 이끌어줄
든든한 동지와 함께 할 수 있으면 좋다.

운동에서도 그렇듯이 결국 문제는 성향이다. 다른 사람들과 함께 팀을 구성하는 것을 좋아하는('관계'에서 동기를 부여받는 것을 뜻한다) 사람들이 있다. 집단을 불필요한 제약으로 여기고 차라리 독립적으로 자기 일을 밀고 나가고자 하는 사람들도 있다. 따라서 결정적인 질문은 이것이다. 당신은 어느 유형인가?

그밖에 늘 기분이 좋지 않고 의욕 없이 투덜대기만 하는 사람들을 멀리하라. 그와 반대되는 특징을 가진 사람들과 친하게 지내라. 사람들은 다른 이의 분위기에 전염되는 경향을 갖고 있다. 분위기를 전혀 의식하지 못하는 경우에도 마찬가지이다. 다음 항목들을 실행해보라.

1. 될 수 있는 대로 구체적인 목표를 정하라. 무엇을 어떻게, 어디에서, 언제까지 달성하고 싶은가?
2. 목표를 공유할 동반자를 구하라.
3. 서로 의지하고 이끌어주고 동기를 부여하는 모임을 만들어보라.

경쟁심을 유발하라

세상의 모든 것은 경쟁으로 정해진다. 물론 사람들은 그것을 몸소 깨우쳐야 알아차린다. 경쟁의 예는 스포츠에 특히 많다. 우리는 자신이 응원하는 축구팀과 기쁨을 나누고 권투 경기, 포뮬러 원 경주, 테니스 시합, 농구 시합을 따라다닌다. 하지만 다른 많은 분야도 경쟁 요소를 이용하면 한층 더 흥미로워진다. 텔레비전 퀴즈쇼에서 지원자들은 서로 마주보고 등장한다. 오디션 프로그램에 출연한 경쟁자들은 심사위원들 앞에서 자기 재능을 입증해 보인다. 왜 그럴까? 경쟁은 긴장감과 감성에 연관되기 때문이다. 승자가 있고 패자가 있다. 기쁨이 샘솟다가도 슬픔이 내려앉는다. 감성의 불꽃놀이 같다. 간단히 말해, 인간은 경쟁을 좋아한다.

당신은 그 점을 이용할 수 있다! 당신 앞에 놓인 업무로 긴장감 넘치는 경쟁 상황을 만들어라. 예를 들어 당신과 같은 업무를 시도하는 동료를 불러 함께 일하라. 능률과 능력 차이 때문에 시도가 늘 성공하는 것은 아니겠지만, 경쟁 가능성을 염두에 두라. 당신이 경쟁을 시작할 수 있다면 그런 상황은 동기부여를 강화하는 강력한 엔진이 될 것이다.

수많은 광고 회사에서는 거의 기본적으로 광고 기획자 두 명씩 여러 팀을 만든 뒤 같은 과제에 대한 아이디어를 생각하게 한다. 톰과 야나 팀, 스베냐와 도리스 팀, 라르스와 옌스 팀은 같은 지시 사항을 받는다. 그리고 다른 팀들도 해결책을 찾는다는 사실을 알고 있다. 해결책을 찾기 위해 모든 팀에 같은 시간이 주어진다. 그리고 이 경쟁 상황은 사람들을 즉시 시작하게 만든다. 다른 팀들도 틀림없이 최선을 다할 것이므로 사람들은 정말로 심혈을 기울일 수밖에 없다. 나중에 각 팀이 아이디어를 동료들 앞에서 발표해야 한다면 동기부여는 더욱 강해질 것이다. 아무도 이 자리에서 시시한 아이디어를 발표하고 싶지 않을 것이다. 따라서 압박이 생긴다. 그런 다음 제일 좋은 아이디어를 광고주에게 내놓게 된다. 이것이 '경쟁'의 작용 방식이다.

경쟁 상황을 만들 때는 경쟁자들의 실력이 엇비슷하도록 신경 써야 한다. 노련한 전문가가 수습사원과 경쟁하는 것은 말도 안 된다. 자기 자신을 기만하지 마라. 능력을 최대치로 끌어내야 할 만큼 진지하게 도전할 수 있는 상황을 만들어라. 다음 항목들을 실행해보라.

1. 당신과 어깨를 겨룰 만큼 대등한 능력을 지녀서 당신이 그 사람보다 나아지려면 최선을 다해 노력해야 하는 경쟁자가 누구일지 생각해보라.

2. 그 사람에게 문제 해결에 참여해달라고 요청하라. 여러 사람에게 요청할 수도 있다. 하지만 너무 많은 사람에게 요청하면 안 된다. 최대 네 명이 적당하다.

3. 전속력으로 일하라!

4. 당신이 최선의 해결책을 얻어냈다면 축하한다. 다른 사람의 해결책이 더 좋았다면, 마찬가지로 축하한다! 그래도 훌륭한 결론이 나왔으니 잘됐다. 당신도 알다시피 해결책이 당신에게서 나오든 경쟁자에게서 나오든 상관없다. 당신은 당신이 할 수 있는 한에서 뛰어난 해결책을 얻었다. 그 사실만이 중요하다.

나만의 개인 코치를 만들어라

이 방법에서 우리는 '코치(Coach)'라고 불리기도 하는 개인 조언자를 얻어 볼 것이다. 이 기술은 당신이 생각보다 더 똑똑하다는 사실을 근거로 한다. 하지만 당신의 지성이 드러날 수 있으려면 그것을 투영할 '스크린'이 필요하다. 가상의 코치가 훌륭한 스크린이 되어줄 수 있다. 그밖에 이 방법은 스스로와 거리를 두고 자신이 처한 상황을 다른 관점에서 관찰할 수 있다는 장점을 갖고 있다.

스스로와 거리를 두면
많은 것을 다른 관점으로 보게 된다.

인터넷에서 코치를 찾아라. 예를 들어 검색창에 '조언자, 박사'라고 입력하라. 그런 다음 '이미지'를 클릭해 친근감이 들고 유능한 인상을 주는 인물을 한 명 골라라. 그 인물이 바로 당신의 스크린, 당신의 개인 코치이다. 당신의 개인 코치를 뭐라고 부를지, 그는 어떤 배경과 어떤 특성을 갖고 있을지 곰곰이 생각해보라. 사진이 필요한 이유는 단지 코치에게 얼굴을 빌려주고 그의 인격을 형상화하기 위해서다. 사소한 결함과 특징은 그 사람을 더 현실적으로 보이게 하는 힘을 가진다. 당신은 심지어 코치의 이력서를 생각해낼 수도 있다. 코치에 대해 더 많이 알수록 그는 더 진짜처럼 느껴진다. 이를테면 당신은 코치에 대해 다음과 같이 설명할 수 있을 것이다.

- 내 개인 코치의 이름은 팔케 박사다(직함은 높은 전문 능력을 암시한다).
- 그의 나이는 58세이다(경험도 능력을 의미한다).
- 팔케 박사는 예전에 하이델베르크 대학병원에서 심리학 교수로 일했고 지금은 내 개인 코치이다.
- 그는 매우 차분한 사람이다.
- 그의 전문 능력이 확실하므로 나는 그를 신뢰한다. 그는 자기 분야의 전문가이다. 그런 사람이 내 코치인 것에 감사한다.

당신은 방금 자기만의 개인 코치를 얻었다. 축하한다. 이제 뒤로 편안히 기대어 앉은 다음 당신의 고충이 무엇인지 그에게 설명하라. 코치는 참을성 있게 모든 이야기를 경청한다. 그가 당신에게 뭐라고 말할까? 코치의 사진을 들여다보며 질문에 대해 깊이 생각하라. 질문에 관여하라. 그러면 전체적으로 어떤 대답과 조언이 나올지 깨닫게 될 것이다. 이미 말했듯이 당신은 생각보다 더 똑똑하니까. 하지만 문제는 당신이 스스로 자신과 거리를 두고 다른 관점에서 문제를 인식할 수 있느냐에 달려있다. 더는 자신의 관점에 갇혀있지 않을 때에야 새로운 관점과 조언, 해결책이 생겨난다. 다음 항목들을 실행해보라.

1. 우선 첫 단계는 이 방법이 가능하다고 생각하는 것이다. 한 번 실험해보라! 손해 볼 게 뭐 있겠는가?
2. 구글에서 코치, 조언자, 박사, 교수, 전문가, 병원 따위의 단어를 검색한 뒤 적당한 사진을 골라라. 누구에게 가장 친근감이 느껴지

는가? 누가 유능해 보이는가? 당신의 개인 코치가 될 사람을 정하라.

3. 이제 사진을 보면서 당신의 코치를 인물로 만들어라. 이름이 무엇인가? 어떤 전문적 배경을 가졌는가? 어떤 특성과 결함이 있는가? 이력서는 어때 보이는가?

4. 이제 그에게 당신의 문제와 상황을 자세히 설명하라.

5. 사진을 보면서 그가 뭐라고 대답할지 곰곰이 생각하라. 당신이 생각보다 더 똑똑해 해결책을 낼 수 있다고, 이 방법이 통하리라고 믿어라.

자신을 객관적으로 관찰하라

우리는 지금까지 지금 당장 시작하기 위한 기술들을 살펴봤다. 어떤 방법이 당신에게 가장 적합했는가? 프로젝트를 시작하고 진행할 때 무엇을 경험하고 느꼈는지 성찰하라. 경험에서 배워라. 자기 자신을 객관적으로 관찰하는 것이 핵심이다. 종이에 당신이 관찰한 내용을 직접 적어보는 것이 가장 좋다.

- 시작하는 것이 언제, 어떤 상황에서 주로 어려운가? 혹은 언제, 어떤 상황에서 더 쉬운가?
- 갑자기 떠오르는 모든 생각을 적어라. 글로 써두지 않은 생각과 결심은 금세 사라져버린다.
- 특히 작업 단위에 따라 상황을 관찰하라. 어떻게 진행되었는가? 당신은 업무에 집중할 수 있었는가? 무엇을 해냈는가? 결과에

만족하는가?

- 최소한 2주나 3주 동안 당신이 미루는 습관에 대해 경험한 내용을 기록하라.

실천 계획을 평가하라

각 작업 단위에 따라 당신이 결심한 것 중 무엇을 실천했는지 적어라. 작업이 어떻게 진행되었는지 곰곰이 생각해보라. 무엇이 좋았는가? 무엇이 어려웠는가? 예를 들어 다음 두 쪽에 나와 있는 형식처럼 나타낼 수 있다. 이 형식은 구체적인 계획을 세우고, 작업의 실제 진행을 살펴보는 데에 도움을 준다.

아무것도 정하지 못한 채 시작할 방법을 찾지 못하는 것이 주된 문제일 때가 많다. 이 방법은 스스로 체계를 세워 업무에 착수할 수 있도록 돕는다. 오래 고민할 필요 없이 지금 당장 일일 실천 계획을 기입하라. 기입할 때 게임화의 장점을 이용하라. 예를 들어 논문 열 쪽을 쓰고자 한다면 원을 열 개 그려 놓고 한 쪽을 쓸 때마다 줄을 그어 원을 한 개씩 지워나가라. 그러면 늘 당신의 진행 상황을 명확히 알 수 있다. 진행이 계획보다 앞서 나가는 것을 보면 목표를 달성했다는 생각이 들어 기분이 좋아진다. 다음 두 쪽에 실천 계획에 대한 예시와 직접 작성할 수 있는 워크시트를 준비했다.

〈일일 실천계획_**계획 내용**〉

시작:
끝:
총작업시간:
_____

나는 이 시간에 무엇을 달성하고 싶은가:
_____
_____
_____
_____

어떤 조취를 취할 계획인가:
_____
_____
_____

계획상 첫 번째 조치:
_____
_____
_____

시작:
끝:
총작업시간:
_____

나는 이 시간에 무엇을 달성하고 싶은가:
_____
_____
_____
_____

어떤 조취를 취할 계획인가:
_____
_____
_____

계획상 첫 번째 조치:
_____
_____
_____

시작:
끝:
총작업시간:
_____

나는 이 시간에 무엇을 달성하고 싶은가:
_____
_____
_____
_____

어떤 조취를 취할 계획인가:
_____
_____
_____

계획상 첫 번째 조치:
_____
_____
_____

시작:
끝:
총작업시간:
_____

나는 이 시간에 무엇을 달성하고 싶은가:
_____
_____
_____
_____

어떤 조취를 취할 계획인가:
_____
_____
_____

계획상 첫 번째 조치:
_____
_____
_____

시작:
끝:
총작업시간:
_____

나는 이 시간에 무엇을 달성하고 싶은가:
_____
_____
_____
_____

어떤 조취를 취할 계획인가:
_____
_____
_____

계획상 첫 번째 조치:
_____
_____
_____

시작:
끝:
총작업시간:
_____

나는 이 시간에 무엇을 달성하고 싶은가:
_____
_____
_____
_____

어떤 조취를 취할 계획인가:
_____
_____
_____

계획상 첫 번째 조치:
_____
_____
_____

〈일일 실천계획_**실제 진행 내용**〉

시작: 끝: 총작업시간:	시작: 끝: 총작업시간:	시작: 끝: 총작업시간:
나는 이 시간에 무엇을 달성했는가:	**나는 이 시간에 무엇을 달성했는가:**	**나는 이 시간에 무엇을 달성했는가:**
실제로 어떤 조치를 취했는가:	**실제로 어떤 조치를 취했는가:**	**실제로 어떤 조치를 취했는가:**
사실상 첫 번째 조치:	**사실상 첫 번째 조치:**	**사실상 첫 번째 조치:**
관찰 의견:	**관찰 의견:**	**관찰 의견:**
시작: 끝: 총작업시간:	시작: 끝: 총작업시간:	시작: 끝: 총작업시간:
나는 이 시간에 무엇을 달성했는가:	**나는 이 시간에 무엇을 달성했는가:**	**나는 이 시간에 무엇을 달성했는가:**
실제로 어떤 조치를 취했는가:	**실제로 어떤 조치를 취했는가:**	**실제로 어떤 조치를 취했는가:**
사실상 첫 번째 조치:	**사실상 첫 번째 조치:**	**사실상 첫 번째 조치:**
관찰 의견:	**관찰 의견:**	**관찰 의견:**

예시: '새 극장 설계 아이디어' 프로젝트를 위한 실천 계획

〈계획 내용〉

시작: 9시
끝: 12시 30분
총작업시간: 3.5시간

나는 이 시간에 무엇을 달성하고 싶은가:
다음 주에 위원회에 발표할 수 있도록 극장 설계에 대해 적어도 세 가지 기본 아이디어를 마련하고 싶다.

어떤 조취를 취할 계획인가:
영감을 얻기 위해 해외의 다양한 설계 아이디어를 살펴본다. 계약서를 한 번 더 살펴본 다음 업무에 대해 깊이 생각한다.

계획상 첫 번째 조치:
구글과 도서관에서 해외의 설계 아이디어를 검색한다.

〈실제 진행 내용〉

시작: 9시 20분
끝: 12시 50분
총작업시간: 3.5시간

나는 이 시간에 무엇을 달성했는가:
매우 자신 있는 기본 아이디어 두 가지를 생각해냈고 아직 미완성 상태인 아이디어 몇 가지도 생각 중이다.

실제로 어떤 조치를 취했는가:
계약 서류와 검색 결과를 이리저리 살펴보았다. 그러던 중에 첫 번째 아이디어가 나왔다. 그런 다음 사고 과정을 이어 갔다.

사실상 첫 번째 조치:
해외의 설계 실례들을 구글에서 검색했다.

관찰 의견:
처음에 약간 늦장을 부렸지만, 이후에는 일에 잘 집중할 수 있었다. 시작만 극복하면 나는 무사히 본궤도에 오른다.
오늘 깨달은 점: 시작이 중요하다! 지금 당장 시작하면 다른 모든 것은 거의 저절로 따라온다.

뜻하지 않은 벽에 부딪혔을 때

작가들은 글을 쓰다 보면 길이 막혀 지금 당장 작업을 시작할 수 없는 일종의 특수한 상황에 처하고는 한다. 머리가 텅 비고 작업이 봉쇄된다. 일이 압도적이고, 혼란스럽고, 불분명해 보이거나 할 말이 너무 많아서 말로 다 표현할 수 없다. 엄청난 과제 앞에 꼼짝없이 선 채로 마비된 것만 같은 기분이 된다.

이것이 글이 막힌 당사자들의 생각이다. 하지만 냉철히 관찰해 보면 이것은 전혀 극적인 상황이 아니다. 우리는 이런 상황을 시작할 때 일어나는 다른 모든 문제와 똑같이 처리할 수 있다. "젠장, 글이 막혀버렸네. 이제 며칠 혹은 몇 주 동안 괴로워하며 손 놓고 있을 게 뻔해!"라는 생각에 빠져들지 않는 것이 무엇보다 중요하다. 다행히 그렇게 되지는 않는다. 아니, 당신은 전혀 속수무책이지 않다. 문제를 빨리 제어하기 위해 적극적으로 대처할 수 있다. 다시 본궤도에 오르기 위한 요령과 조치들을 여기에 소개한다.

큰 과제를 작게 나누어라

과제가 압도적이어서 이해가 잘 안 되는 것 같으면 작은 부분 과제로 나누어보라. 부분 과제도 여전히 포괄적이라면 더 작게 나누어라.

개략적인 구성을 적어라

나중에 보충해 넣기만 하면 되도록 글 쓰는 작업을 구성 별로 나누어라. 예를 들어 이 책을 쓸 때 나는 우선 구성을 생각해냈다. 그런 다음 세부 내용을 쓰기 시작했다. 나는 구성의 도움을 받아 글의 큰 맥락을 이해할 수 있었고, 책에서 다루어야 하는 사항들에 대한 아이디어도 얻었다.

이해가 필요한 문제를 명확히 밝혀내라

당신이 해야 하는 것이 무엇인지 확인하라. 자신에게 기대되는 것이 무엇인지 정확히 알지 못하는 한 당신은 시작할 수 없다. 그것을 정확히 모르는 사람은 불분명한 것을 이해해보려다 시작하기도 전에(당연히!) 녹초가 되고 만다.

당신의 표적 집단이 누구인지 명확히 파악하라

당신은 누구를 위해 글을 쓰는가? 누가 당신의 글을 읽는가? 왜 당신의 글을 읽는가? 그것이 당신에게 무엇을 의미하는가?

어떤 형식으로 글을 써야 하는지 명확히 하라

당신이 쓸 글에 대해 내용과 형식면에서 어떤 기준들이 있는지 찾아내라. 예를 들어 과제로 리포트를 작성할 경우 어떤 형식에 맞춰야 하는지 알아야 한다. 견본을 두세 개 구해서 어떤 형식적 기준이 있는지 파악하라. 그것을 알기 전까지 한 줄도 써서는 안 된다.

자신에게 질문하라

본궤도에 오르기 위해 당신은 자신에게 질문할 수도 있다. 이렇게 써보라. '대체 나는 무엇을 말하고 싶은가?' 이제 그에 대한 답변을 써라. 어쨌든 당신은 이미 글쓰기 상태에 있다.

거리낌 없이 써라

글쓰기를 망설이지 마라! 아직 당신은 원할 때마다 당신이 쓴 내용을 모두 수정할 수 있고 표현도 바꿀 수 있다. 변경이 불가능한 것은 아무것도 없다.

말하듯이 써라

무엇을 어떻게 써야할지 모르겠는가? 글쓰기에 재능이 없는가? 국어 수업 시간이 늘 어렵게만 느껴졌었는가? 모두 문제없다. 당신이 누군가에게 무엇을 말로 설명한다고 상상하라. 원칙적으로 쓰기는 말하기와 크게 다르지 않다. 미국의 외교정책에 관한 과제를 한다면 당신은 그냥 교수나 동기들 앞에서 설명하는 것처럼 적으면 된다.

당신이 쓴 것을 소리 내어 읽어라

자연스럽게 들리는가? 그렇다면 잘 쓴 것이다. 쓰기가 말하기와 달라야 한다는 생각을 접어라. 독일의 극작가이자 비평가인 고트홀트 에프라임 레싱Gotthold Ephraim Lessing은 편지에서 누이동생에게 이렇게 조언했다. '말하듯이 써. 그러면 잘 쓰게 돼.'

아무것도 억지로 하지 마라

머리가 멍한가? 아무 생각도 나지 않는가? 더는 아무 일도 되지 않는가? 문제에 골몰하느라 신경이 날카로운 상태인가? 그런 경우에는 그냥 내버려두라. 억지로 해서는 아무 일도 되지 않는다. 차라리 머리를 다시 비우기 위해 무언가를 하라. 음악을 듣거나 영화를 봐라. 카페에 가서 아이스크림을 먹고 공원을 산책하라. 간단히 말해, 기분을 전환하라. 그렇게 머리를 다시 비우고 나면 새로운 시도를 할 수 있다.

다시 글쓰기에 착수할 때는 긴장을 푼 상태로 접근해보라. 이제 온힘을 다해 노력해야 한다는 절대적 의지를 버려라. 문제를 통제하고 싶어서 그렇게 시도해보려는 것은 이해가 간다. 하지만 정반대로 통제력을 상실한 상태가 되어보라. 강처럼 되려고 시도하라. 강은 그냥 흐른다. 애쓰지도 않고 굳센 의지를 따르지도 않고 그냥 그대로 흘러간다. 무조건 노력을 쏟지 말고 그냥 일어나게 내버려두라.

긴장을 푼 채 글쓰기에 집중하라. 시작하라. 우선 다음과 같이 질문하라. 대체 나는 무엇을 말하고 싶은가? 이 질문을 쓴 다음 계속 써나가라. 여전히 글이 잘 풀리지 않는다고 느껴지면 등을 뒤로 기대고 당신의 작업이 잠시 막혔다는 사실을 인정하라. 그래서 뭐가 문제인가? 그것 때문에 세상이 멸망하지는 않는다. 이 문제를 무조건 없애려고 애쓰지 마라. 그럴수록 상황은 심화되고 당신의 상태는 더욱더 경직된다. 긴장을 풀고 일어나서 몸을 한 번 흔들어라. 문제를 받아들이고 그것에 다정하게 인사를 건네라. 반가운 손님처럼 대하라. 놀랍게도 당신이 문제를 인정하면 그것은 또 다시 떠난다. 당신을 방문했다가 떠나는 손님처럼.

반대로 행동하라

머릿속 매듭을 풀기 위해 좋은 연습은 정반대 방향을 택해보는 것이다. 글을 잘 쓰고 싶은가? 아주 형편없이 쓰기 시작하라. 최대한 엉망으로! 잠시 시험 삼아 그렇게 써보라. 그렇게 말도 안 되게 쓰다보면 어느새 다시 글쓰기가 재미있어진다. 그리고 긴장이 풀리면서 좋은 아이디어와 생각이 저절로 다시 떠오른다.

장소를 바꿔라

사무실 책상에 앉아서 막다른 골목에 갇힌 느낌이 든다면 이 골목을 떠나라. 사무실을 나가 공원, 카페, 집, 도서관 등으로 가라. 막다른 골목에 머물러 앉아있지 않는 것이 중요하다. 자연이 있는 곳으로 잠시 산책을 나가라. 긴장을 풀고 휴식을 취하라. 가끔은 단순히 일과 약간 거리를 둘 필요가 있다.

낮잠을 자라

생각이 막혔다. 그렇다면 적당히 휴식을 취하며 낮잠을 자라. 그러고 나면 당신의 머리는 다시 개운하고 편안해져 일할 준비를 마친다. 낮잠을 잘 시간이 없는가? 그렇다면 짧은 낮잠도 가능하다. 단, 15분에서 25분 정도만 자도록 주의하라. 30분이 지나면 얕은 수면에서 깊은 수면상태로 넘어간다. 그런 잠에서 깨면 개운하지 않고 오히려 피로를 느낄 수 있다.

샤워기 밑으로 뛰어들어라

원기를 회복시켜주는 더 간단한 방법은 샤워다. 처음에는 더운 물로, 그 다음에는 찬물로 샤워하면 몸과 정신을 훨씬 더 활기 있게 하는 효과가 있다.

세수하고 이를 닦아라

낮잠을 잘 시간도 없고 샤워할 방법도 없다면 최소한 세수하고 이를 닦아라. 그렇게만 해도 벌써 다시 개운한 느낌이 든다. 휴식을 취한 후 다시 작업에 착수하라.

6장

'미루는 습관'에
맞서라

미루지 않고
당장 시작하는 법

하지 못하고
죽어도 되는 일만
내일로 미뤄라.

-파블로 피카소

미루는 습관을 이기는 전략

앞서 미루는 습관에 대해 우리가 배운 내용을 기억해보라. 미루는 습관은 위장과 속임수의 달인이다. 우리는 그것을 괴팍한 이웃으로 상상할 수 있다. 이 이웃은 교활하고 음흉하게도 우리를 지금 아무것도 하지 못하게 붙들어두고 싶어 한다. 미루는 습관이 좋아하는 전술은 상냥하게 우리의 의견에 동의하고 지지해주는 척하는 것이다. 사실 그 모든 것은 우리가 지금 당장 시작하는 것을 막으려는 시도일 뿐이다. 미루는 습관은 차라리 그 일을 내일이나 나중으로 옮기라고 말한다. 지금만 아니면 아무 때나 괜찮다고.

이 장에서 우리는 미루는 습관에게서 우리 자신을 보호할 수 있는 전략들을 생각해보고자 한다. 그것은 앞에서 기술했듯이 매우 어려운 일이다. 미루는 습관은 결국 우리의 일부이기 때문이다. 물론 우리는 멍청하지 않다. 자신을 아주 정확히 알고 있다. 어떤 것에 즉각 반응하고 어떻게 하면 쉽게 유혹 당하는지도 안다. 따라서 미루는 습관에 대한 투쟁은 결국 우리 자신에 대한 투쟁이다. 우리는 자신을 극복해야만 한다. 그리고 아마 이보다 더 어려운 일은 없을 것이다.

절충안에 속지 마라

당신도 알다시피 미루는 습관은 다짜고짜 용건을 꺼내지도 않고 당신의 면전에서 불쾌한 진실을 말하지도 않는다. 오히려 둘 다 이득을 얻는 소위 절충안을 제시한다.

- 먼저 텔레비전에서 좋아하는 프로그램을 본 다음 운동하러 간다.
- 먼저 새로 나온 잡지를 읽은 다음 어휘 공부를 시작한다.
- 일단 10분만 더 게임한 다음 경영학 통신 강좌를 이어서 듣는다.

하지만 실제 상황은 다음과 같이 진행된다.

- 당신은 좋아하는 프로그램을 시청한 다음, 텔레비전을 끄지 않고 조금 더 채널을 이리저리 돌려보다가 결국 어느 채널에 멈춰 계속 텔레비전을 본다. 어느 순간 운동하러 가기에는 너무 늦어버린다. 미루는 습관이 이겼다.
- 잡지를 대충 훑어보다 흥미로운 기사 하나를 발견한다. 기사 하나가 둘이 되고 셋이 된다. 그런 다음에는 신문을 읽는다. 새로운

어휘를 공부할 시간이 부족하다. 미루는 습관이 이겼다.

- 게임을 10분만 더? 그 말이 진심일까? 당신은 자신이 한 시간 안에 게임을 그만둘 수 없다는 사실을 잘 알고 있다. 당신이 게임기를 켜는 순간, 이미 미루는 습관이 이겼다.

머릿속으로 양쪽 방법을 실연해본 다음
더 좋은 기분이 드는 쪽으로 실행하라.

문제점을 살펴보았으니 이제 가능한 해결책을 알아보자. 이 기술의 핵심은 곧바로 결정하는 것이 아니라 잠시 보류하는 데에 있다. 그것은 생각보다 더 어렵다. 텔레비전, 잡지, 컴퓨터 게임 같은 대중 매체는 마법처럼 우리의 마음을 사로잡는 강력한 자석이기 때문이다. 따라서 우리가 이것들을 통제할 수 있으리라 기대하기는 힘들다. 대중 매체를 접할 때 우리는 좁은 시야로 무언가에 중독된 사람 같아진다. 그런 순간에 자신을 통제하려면 상당한 노력과 연습이 필요하다.

두 가지 선택지에 대해 충분히 생각하라.
그 선택으로 이뤄질 결과까지.

여기에 요령이 하나 있다. 그 순간에 잠시 휴식을 취하면서 커피, 차, 요구르트, 사과, 과자 등 당신이 몹시 원하는 다른 무언가를 끼워 넣으면 자신을 통제하기가 훨씬 쉬워진다. 당신이 사로잡힐 만한 무언가를 찾아라. 소소한 일을 즐기면서 당신이 가진 두 가지 가능성을 생각해보라. 텔레비전 리모컨을 잡을 것인가, 운동 가방을 잡을 것인가.

당신이 텔레비전을 보면 무슨 일이 일어날지 자문하라. 무조건 솔직히 말하려고 시도하라. 당신은 분명히 알고 있다. 아마 그 방송을 보고나면 또 하나를 볼 것이고 그다음 또 하나를 볼 것이다. 운동하기에 너무 늦어질 때까지 계속 본다. 무엇이 남는가? 나쁜 기분, 즉 미루는 습관에게 또 다시 속아 넘어갔다는 기분이 남는다. 당신은 졌다. 정말 불쾌한 느낌이다. 속으로 직접 느껴보라. 미루는 습관에게 졌다는 것이 얼마나 기분 나쁜 일인지 조용히 상상해보라. 약한 의지가 얼마나 어리석은 것인지.

이제 둘 중 다른 가능성에 대해 곰곰이 생각하라. 당신이 리모컨을 잡지 않고 과감히 운동 가방을 잡는다면 어떻게 될까? 지금 운동하러 간다면 무슨 일이 일어날까? 그 행동에 대해 스스로 뿌듯해하지는 않을까? 자신을 극복하고 미루는 습관을 가차 없이 물리쳤다는 사실에 행복하지 않을까? 가능하면 이 느낌도 극적이고 강렬하게 느끼려고 시도하라.

그리고 이제 각 행동의 결과로 생겨난 두 느낌을 비교하라. 한쪽의 느낌을 왼손에, 다른 쪽의 느낌을 오른손에 쥐어보라. 무엇이 더 좋게 느껴지는가? 무엇이 더 좋은 결정인가? 이제 결심하고 선택하라.

미루는 습관에 동의하는 척하라

미루는 습관은 계속해서 우리에게 지금 프로젝트를 시작하면 안된다고 말한다. 그렇다면 이번에는 우리가 미루는 습관과 대화해서 그 의견에 전적으로 동의하는 척해보자. 아주 확실하게 말해서 미루는 습관이 만족할 수밖에 없도록 만들어라.

미루는 습관이 말한다. "그래요. 당신이 옳아요. 이 프로젝트를 정말로 시작해야 해요. 당신 말대로 그건 아주 중요한 일이죠. 게다가 그건 당신이 이미 오래 전부터 계획한 일이잖아요. 그러니 내일 아침 일찍 자리에 앉아서 부지런히 시작해요! 하지만 지금은 안돼요. 지금 텔레비전에 범행 장소가 나온다고요."

이제 당신이 동의한다는 뜻으로 고개를 끄덕이며 대답한다. "네, 그렇죠. 당신 말이 맞아요. 당신도 알다시피 내가 그토록 보고 싶어 하는 범행 장소가 나오는데 오늘보다는 내일이 훨씬 낫겠어요. 좋아요, 지금 말고 내일 프로젝트를 시작하죠 뭐."

미루는 습관의 말에 동의하라. 생각만 하지 말고 고개를 끄덕여 지지를 표명하라. 당신이 그렇게 말하는 동안 미루는 습관은 입을 다물 것이다. 당신의 말을 끊을 이유가 없다. 당신은 그것이 원하는 대로 행하는 것처럼 보인다. 모든 점에서 미루는 습관의 말에 완벽히 동의하는 것이 최선의 반응일 수 있다. 이것은 영리한 전략이다. 미루는 습관만큼 교활하고 영리하고 설득력 있는 것은 아무도 없기 때문에 그것이 입을 다물고 침묵한다면 곧 당신에게 큰 이득이다.

> 당신이 미루는 습관의 말에 동의해버리면
> 미루는 습관은 당신을 계속 설득할 이유가 없다.

미루는 습관에게 방해받지 않고 평화롭게 있는 동안 당신은 책상에 앉아 곧바로 프로젝트를 시작한다. 우리는 이 행동을 미루는 습관에게 즉각적으로 날리는 최후의 일격이라 칭할 수 있다. 시작하는 순간 당신은 총으로 교활한 이웃의 머리를 쏜다(이런 공격적 표현 방식에 대해 사과한다. 물론 여기에서 비유하는 것은 인간이 아니라 생각이다). 이 순간은 투우사가 황소에게 최후의 일격을 가하는 것과 비교할 수 있다. 당신의 전술은 치명적이다. 맞장구를 쳐서 미루는 습관을 안심시킨 다음 갑자기 공격한다. 그런 식으로 당신은 미루는 습관을 간단히 해치운다. 그리고 자신을 극복하는 일이 당신을 만족과 기쁨으로 가득 채우리라는 것을 알게 된다.

이 접근법은 면도날 위에서 말을 타고 달리는 것처럼 아주 위태롭다. 당신은 줄곧 미루는 습관에 동의한다. 그래야만 미루는 습관을 침묵하게 할 수 있다. 하지만 당신은 이 게임을 간파해야 한다. 상대의 목표는 당신이 '지금' 당장 시작하지 못하게 막는 것이라는 사실을 이해해야 한다. 그리고 양보하면 안 된다. 다른 건 다 돼도 그것만은 안 된다! 이 점만 기억한다면 당신은 미루는 습관을 성공적으로 속여 넘길 수 있다. 결정적인 순간에 다른 편에 서서 정체를 드러내는 이중첩자처럼.

작은 목표를 달성하라

미루는 습관은 당신이 본래 계획을 잊고 '괜찮아. 내일도 있잖아'라고 생각하게 할지도 모른다. 그 때문에 실천 계획을 작성하는 것이 중요하다. 실천 계획은 당신이 언제까지 무엇을 해내야 하는지 일목요연하고 간단하게 알려준다.

게임화 원리를 이용하라. 여기서 잠시 기억해보자. 전체 과정을 작은 일별 단계로 나누면 각 단계를 마칠 때마다 차례차례 체크 표시를 해나가는 기쁨을 느끼게 된다. 이는 계속 일에 매진하고 어쩌면 계획보다 더 앞서나갈 수 있도록 동기를 부여한다. 원래 계획했던 것보다 더 앞서나가는 사람은 의욕적이 되고, 기분이 좋아진다. 계획을 앞서나가 여유로워지면 일은 더 쉽고 즐거워진다는 것을 알게 된다.

이제 미루는 습관이 영리하고 매력적인 방식으로 지금 아무것도 하지 말고 차라리 내일 하라고 당신을 설득하려든다면 당신은 재빨리 계획을 훑어보아 실제로 미루는 것이 가능한지, 가능하지 않은지 알아낼 수 있다.

하지만 당신이 지금 바로 일해야 하는 경우에도 미루는 습관은 당신을 반대로 설득하려고 시도할 것이다. 자신의 신념에 따라.

"어머, 오늘 벌써 몇 가지는 달성 했네요. 좋아요, 당신이 계획했던 것을 다 하지는 못했지만, 그래도 몇 가지는 했잖아요. 그것으로도 대단해요! 일을 약간 내일로 미루는 게 뭐 어때서요? 그래도 문제없어요. 조금만 지나면 다시 일정대로 될 거예요."

이 말에 속지 마라. 당신이 조금이라도 미루면 이 예외는 점차 확고한 습관이 될 것이다. 미루는 일의 양은 소량에서 점차 더 많아질 것이다. 결국에는 당신이 원래 계획보다 아주 멀리 뒤처졌다는 사실을 깨닫고 깜짝 놀라게 될 것이다. 따라서 원칙적으로 타협을 받아들이지 않는 것이 좋다. 아무리 사소한 문제라도 타협은 절대 안 된다.

적의 의중을 간파하라

차츰 미루는 습관의 계획을 밝혀내면 우리는 그것과의 싸움에서 유리한 고지를 점령할 수 있다. 미루는 습관이 남몰래 무엇을 꾀하는지 터놓고 말해보자. 이처럼 숨김없이 말하는 것은 한편으로 기분이 홀가분해지는 효과가 있고 다른 한편으로 위험성을 지적해 미루는 습관을 자극하는 역할을 한다. 이 전략을 실험해보라. 그리고 당신이 미루는 습관을 잘 이해하고 있는지 아닌지 스스로 알아내라. 이를테면 다음과 같은 대화가 이루어질 수 있다.

미루는 습관이 말한다. "그래요. 당신이 옳아요. 이 프로젝트를 정말로 시작해야 해요. 당신 말대로 그건 아주 중요한 일이죠. 게다가 그건 당신이 이미 오래 전부터 계획한 일이잖아요. 그러니 내일 아침 일찍 자리에 앉아서 부지런히 시작해요! 하지만 지금은 안 돼요. 지금 텔레비전에 범행 장소가 나온다고요."

이제 당신이 동의한다는 뜻으로 고개를 끄덕이며 대답한다. "네, 그렇죠. 당신 말이 맞아요. 당신도 알다시피 내가 그토록 보고 싶어 하는 범행 장소가 나오고 있으니 오늘보다는 내일이 훨씬 낫겠어요. 나를 정확히 알고 있네요. 사실 당신은 내가 지금 범행 장소를 보고 싶으리란 걸 알고 있으니 그 점을 미끼로 삼아 내가 지금 당장 시작하는 것을 막으려는 거군요. 당신은 내가 시작을 내일로 미루는 게 더 좋은가 보네요. 하지만 당신이 바라는 대로 한다면 나는 순전히 게으름 때문에 시작을 내일에서 모레로 미룰 수도 있을 거예요. 그러고 나서 하루 더 그리고 하루 더. 결국에는 힘이 빠져 포기하고 절대로 더는 시작하지 못할 겁니다. 그럼 당신이 이기고 나는 진 거죠. 하지만 모든 것이 내게는 너무나 뻔해요. 당신의 계획이 내 앞에 아주 분명하게 드러나 있거든요. 그러니 이제 나는 당신의 계획을 좌절시킬 겁니다. 자, 봐요. 내가 지금 당장 책상에 앉아 시작하는 모습을. 내가 이기고 당신이 졌어요."

모든 것을 솔직히 말하고 상대방의 전체 계획을 차례차례 낱낱이 공개하라. 신나게 노골적으로 지적하라. 당신이 미루는 습관을 잘 알고 있다고 공공연히 말하며 그것의 계획을 드러내면 미루는 습관은 상심한다. 더 많이 폭로할수록 당신은 자신이 미루는 습관에 속지 않았다는 사실을 더 강하게 확신할 수 있다. 그럼에도 불구하고 미루는 습관은 그런 상황에서 절대 스스로 포기하지 않는다. 다음 답변을 보면 알 수 있다.

"네, 맞아요! 당신이 나를 확실하게 이겼어요. 솔직히 인정하죠. 그 일은 끝났어요. 멋지게 해낸 걸 축하해요! 싸움이 치러졌고 당신은 영웅이 되어 싸움터를 떠났으니 축하해야죠! 냉장고에 맛있는 딸기 요구르트가 한 개 남은 것 같은데. 당신은 이제 그걸 먹을 자격이 있어요. 냉장고로 갔다가 그 다음에 텔레비전 앞으로 가요.

어서요! 벌써 범행 장소가 방영 중이예요. 아무 생각도 하지 말아요. 나를 어떻게 이길 수 있는지 이제 당신은 알고 있잖아요. 내일도 똑같이 그렇게 하면 돼요. 아주 쉬운 일이죠."

보다시피 미루는 습관은 절대로 포기하지 않는다. 실제로 자신이 이미 패배했어도 절대 포기하는 법이 없다. 패배한 상황에서조차 미루는 습관은 게임을 재치 있게 돌려놓을 줄 안다. 미루는 습관에 속아 넘어가서는 안 된다. 이런 반응이 오리라는 것을 알아차려라. 방법과 발언은 다양하지만 목표는 늘 똑같다. 당신이 지금 당장 시작해서 일하는 것을 저지하고 싶어 한다. 나도 내가 같은 말을 되풀이한다는 사실을 알고 있다. 하지만 내 말이 정말로 당신의 기억에 남았으면 좋겠다. 이 인식은 당신이 자신의 어두운 면과 싸울 때 귀중한 무기가 된다. 미루는 습관을 완전히 굴복시킬 수 없다는 사실 또한 이 예시로 분명해진 것 같다. 미루는 습관은 계속해서 일어난다. 패했어도 잠시 후면 다시 일어나 공격해온다. 무척 성가시지만, 미루는 습관이란 원래 그런 것이다.

미루는 습관은 마치 좀비 같다.
쓰러뜨려도, 쓰러뜨려도 다시 살아 돌아온다.

미루는 습관을 미루기

이 전략에서 당신은 미루는 습관의 주장에 동의해서 입을 다물게 한다. 하지만 실제로 당신이 추구하는 목표는 '한 걸음만 더' 방법을 계속 밀고나가는 것이다. 대화는 다음과 같이 이루어질 수 있다.

"대단하군요! 드디어 자신을 극복하고 컴퓨터 앞에 앉아 일을 시작하다니. 아주 좋아요. 당신이 자랑스럽네요. 정말! 참 좋긴 한데, 시작하기 전에 페이스북에 뭐 새로운 것은 없는지 잠깐 살펴보는 것 정도는 괜찮아요. 아냐가 휴가 사진을 올린다고 하지 않았어요? 슈테판도 화요일 저녁 일과 관련해서 알려줄 게 있다고 했잖아요. 얼른 한 번 봐요."

이제 당신은 이렇게 대답할 수 있을 것이다. "그래요, 좋은 생각이에요. 곧 할게요. 곧 페이스북을 한 번 열어볼게요. 소득세 신고 사이트만 빨리 열고… 그리고… 네, 됐어요. 이제 첫 번째 쪽만 기입하고 나서 바로 페이스북을 볼게요!"

미루는 습관의 무기를 이용해 미루는 습관과 싸우는 것보다 더 멋진 방법이 있을까? 첫 번째 쪽을 기입했다면 당신은 이렇게 말할 수 있을 것이다. "좋아요, 잘 됐어요. 한 쪽만 더 기입한 다음 곧장 페이스북을 클릭해서 살펴볼게요."

두 번째 쪽을 다 기입한 후 계속 나아갈 수 있다. "네, 좋아요. 이제 마지막 쪽만 더 기입한 후에 페이스북에 올라온 것들을 전부 꼼꼼히 살펴볼게요. 마지막 한 쪽만 더 기입하고 나서 곧."

알아차렸는가? 당신의 말이 미루는 습관의 말과 거의 똑같이 들리지 않는가? 여기에서 우리는 미루는 습관의 무기, 전략을 이용해 미루는 습관을 물리친다. 우리는 그것의 말에 동의하면서도 지금 당장 페이스북에 들어가지 않으려고 노력한다. 우리는 계속해서 약속한다. 이게 마지막이라고, 마지막 쪽이 정말 마지막이라고 다짐하지만, 사실 그것은 전혀 마지막이 아니다. 당신이 할 수 있는 만큼 게임을 이어가라. 이 방법이 더는 효과가 없을 경우에는 매끄럽게 다음 전략으로 넘어가면 된다. 당신은 미루는 습관의 전략을 이용해 미루는 습관을 저지하는 재미를 알게 될 것이다.

'지금은 싫어요'

일을 시종일관 기피하는 것은 현명한 전략이 아닐 때가 많다. 그럴수록 그 일을 더욱더 갈망하게 되기 때문이다. "나는 컴퓨터로 작업하는 동안 절대로 페이스북을 열어서는 안 돼"는 너무 엄격한 태도라서 실패하기 쉽다. 다음과 같이 말하는 것이 더 현명하다. "모든 것이 여유로워지면 난 언제든 미루는 습관의 멋진 제안에 응해 페이스북을 클릭할 수 있어. 하지만 지금은 그러고 싶지 않아"

'지금은 안 돼'라는 표현은 그동안 충분히 우리에게 익숙해졌다. 이 말은 본래 미루는 습관이 즐겨 쓰는 말이다. 이제 당한 것과 똑같은 방법으로 공격해보자. 여기에서도 미루는 습관의 무기로 미루는 습관을 무찔러보자.

"벌써 5분 동안이나 컴퓨터 앞에 앉아 꽤 많은 일을 했네요. 훌륭해요. 잘 진행 중이에요! 그렇다면 작은 보상을 받아야죠. 1분 동안 페이스북에 들어가 새로운 것이 있는지 빨리 훑어보는 건 어떨까요? 페이스북을 보고 싶어서 손이 근질거리는 거 다 알아요. 그러니 어서 봐요! 딱 1분만. 물론 그 정도는 거의 보지 않은 거나 마찬가지예요. 고작 1분이 뭐 얼마나 되겠어요? 자, 이제 결심하고 페이스북을 클릭해요."

그런 경우에 당신은 다음과 같이 말할 수 있을 것이다. "멋진 제안 고마워요. 맞아요, 난 언제든 페이스북을 클릭할 수 있어요. 원하면 10분 동안 보는 것도 전혀 문제없어요. 하지만 지금은 그러고 싶지 않네요. 나중이라면 모를까. 지금은 아니에요. 잘 가요."

미루는 습관이 쓰는 말이어도 상관없으니 '지금은 싫어요' 전략을 고수하라. 모든 종류의 규제를 없애라. 전부 허용하라. 관대하라! 하지만 그 가능성들을 지금은 받아들이지 마라. 그것이 이 전략의 수법이다.

유혹에 반응하지 마라

이 태도는 단순하고 과격하다. 미루는 습관에게 "그 이야기는 하고 싶지 않아요"라고 말하라. 미루는 습관이 무엇을 시도하든 상관없다. 당신의 태도를 유지하라. 그리고 미루는 습관의 주장에 동조하는 실수를 범하지 마라. 늘 똑같이 이렇게 대답하라. "그 이야기는 하고 싶지 않아요" 미루는 습관은 당신을 자연스럽게 이야기하도록 유도하려고 시도할 것이다. 당신을 자극하고 유혹할 것이다. 당신에게 알랑거리고 어쩌면 당신을 걱정스럽게 할지도 모른다. 그럴수록 더욱 중요한 것은 당신이 절대로 토론에 끼어들어 미루는 습관이 말하는 것에 관심을 보이면 안 된다는 점이다. 무언가 견해를 밝히는 순간 당신은 대화에 참여하게 되고 토론은 시작된다. 그것은 당신이 원하는 상황이 아니다. 토론을 차단하고 계획을 충실히 지키려는 당신의 목표와 정반대되는 상황이다. 따라서 전체 대화는 다음과 같은 느낌일 것이다.

"당신이 정말 자랑스러워요. 마지막 분기에 대한 전체 매출액을 벌써 준비해놓다니. 멋져요! 그럼 이제 휴식을 좀 취해도 되겠네요. 아이스크림을 먹는 건 어때요? 초콜릿 아이스크림으로. 아님, 뭐가 좋을까요? 그렇게 부지런히 일했으니 작은 보상쯤은 받아도 괜찮아요."

"고맙지만 괜찮아요. 그 이야기는 하고 싶지 않아요."

"네, 문제없어요. 이해해요. 지금 한창 집중한 상태로군요. 정말 대단해요! 당신은 참 한결같고 의지가 강한 사람이네요! 게다가 아이스크림 이야기에도 끄떡없다니, 존경스러워요! 그 점은 정말로 높이 평가해요. 당신이 아이스크림의 유혹을 뿌리칠 수 있다는 사실은 우리 둘 다 알았으니 이제 먹어도 돼요. 아무것도 증명할 필요 없어요! 아이스크림 조금 먹는다고 뭐가 달라지겠어요?"

"고맙지만 괜찮아요. 그 이야기는 하고 싶지 않아요."

"너무 끈질기게 굴지 말아요. 쉬엄쉬엄해요. 당신이 분명한 목표를 가지고 있다는 점은 좋다고 생각해요. 하지만 당신은 이미 많은 것을 해냈어요. 편안히 휴식을 취해도 돼요. 사실 휴식은 당신에게 이로울 거예요. 규칙적인 휴식이 얼마나 중요한지 당신도 책에서 읽었잖아요."

"고맙지만 괜찮아요. 그 이야기는 하고 싶지 않아요."

"대체 왜 싫다는 거죠? 우리가 독재 국가에 있는 건 아니잖아요? 당신이 토론이라면 질색하는 독재자라도 돼요?"

"고맙지만 괜찮아요. 그 이야기는 하고 싶지 않아요."

"그 이야기는 하고 싶지 않아요, 그 이야기는 하고 싶지 않아요. 이 말밖에 생각나는 게 없어요? 잘 들어요. 나는 그런 틀에 박힌 말에 속지 않아요. 당신이 내 모든 말을 차단하는 건 당신도 속으로 내가 옳다는 사실을 알기 때문이죠. 내 말을 인정하고 싶을 뿐 아니라 실은 당신도 똑같이 생각하잖아요. 부지런히 일해서 벌써 분기 매출액을 전부 준비해두었으니 잠깐 휴식을 취하며 아이스크림을 먹는 건 지극히 당연한 일이에요. 물론 아이스크림이 아니어도 돼요. 커피, 과자. 뭐든 괜찮아요. 그런데도 당신은 쓸데없이 일만 붙들고 있군요."

"고맙지만 괜찮아요. 그 이야기는 하고 싶지 않아요."

"좋아요. 처음부터 다시 시작해보죠⋯."

목표 달성의 성벽을 지켜라

일하는 도중에 주의를 딴 데로 돌리고 싶다는 욕구가 점점 커지는 상황을 가정해보자. 유감스럽게도 당신이 그날 계획한 과제 중 아직 20퍼센트를 덜 했다. 이제 어떻게 하겠는가? 기한을 정해놓고 휴식을 취한 뒤 계속 일할 수도 있을 것이다. 혹은 단호한 태도를 유지한 채 약해지지 않기로 결심할 수도 있다. 이런 경우 당신에게 도움이 될 수 있는 장면은 강한 적이 돌진해오는 요새의 방벽이다.

아마 당신은 〈반지의 제왕〉이나 〈그레이트 월〉 같은 영화에서 그런 장면을 보았을 것이다. 두 영화 모두 큰 전투에서 성벽의 방어자들은 막강해 보이는 적에 맞서 그들을 격퇴해야만 한다. 당신이 무조건 방어해야만 하는 성벽의 이미지는 프로젝트를 모험과 감동으로 가득한 새로운 차원(게임화)으로 끌어올린다.

목표 달성의 80퍼센트로 만족할 것인지 아닌지가 문제라면 당신은 이 이미지를 이용해볼 수 있다. 80퍼센트로 만족한다면 그것은 당신이 20퍼센트나 되는 적을 공격당하지 않은 채로 성벽 위에 이르게 한다는 의미가 될 것이다. 적들은 당신의 전투 대열 뒤에 도달한 뒤 혼란과 소요를 일으켜 당신의 방어를 무력하게 할 수 있다. 따라서 일관된 태도를 유지하고 성벽에서 적을 말끔히 몰아내기 위해 힘껏 노력하라. 적이 아무리 힘차게 돌진해 와도 상관하지 말고 저항하라. 작업량을 고수하며 물러나지 마라. 당신은 100퍼센트 결과물을 내놓아야 한다. 94퍼센트도 아니고 97퍼센트도 아닌 100퍼센트!

일관되게 행동하며 어떤 여지도 받아들이지 않는 사람은 작업량을 계획할 때 특히 신중하고 현실적으로 대처해야 한다. 너무 욕심내는 것은 아닌지 계속해서 자문하라. 지나치게 무리하느니 차라리 좀 더 천천히 하는 것이 낫다. 계획을 하향조정해야 한다면 기분도 나쁠뿐더러 사기도 떨어진다. 따라서 침착하고 의욕적이되 무리하지는 마라.

시작을 위한 의식을 만들어라

미루는 습관은 당신의 주의를 일에서 딴 데로 돌리고 싶어 한다. 이에 대한 대책으로 당신은 산만함을 따돌리려고 시도할 수 있다. 이 시도를 성공하려면 당신은 '흐름(Flow)'을 만들어야 한다. 이는 당신이 일에 완전히 몰두해 외부 상황을 거의 인지하지 못하는 상태를 가리킨다. 당신은 배고픔과 목마름을 느끼지 못한 채 일만 안중에 두고 완전히 일에 집중한다. 이런 상태가 손가락 두 개로 딱 소리를 내자마자 금세 찾아오지는 않는다. 당신은 이 흐름에 빠져드는 것에 차츰 익숙해져야 한다.

일에 완전히 몰두한 사람은
주변 상황을 더는 제대로 인지하지 못한다.
다행히 미루는 습관도 포함하여.

미루는 습관을 따돌리기 위해 당신이 의도적으로 조정할 수 있는 것으로 일과가 있다. 예를 들어 아이디어를 찾기 위해 뜨거운 차 한 잔을 마시러 가는 것에 익숙해지면 어떨까? 혹은 귀마개나 이어폰을 끼고 어떤 특정한 음악을 들으며 일을 시작하는 것에 익숙해진다면. 껌을 씹는 것으로 일을 시작할 수도 있다. 그러한 의식은 정신을 집중하고 일에 몰두하는 데 도움을 줄 수 있다. 일과는 시간이 흐르면서 조건반사작용으로 발전하고 이를 통해 당신의 몸은 점차 다른 상태로 더 잘 빠져들게 된다.

오늘이 내 인생의 마지막 날이라면

이 전략은 내게서 나온 것이 아니라 애플을 창업한 전설적 지도자 스티브 잡스Steve Jobs에게서 나온 것이다. 2005년 잡스는 미국 스탠퍼드대학교 졸업식에 참석해 연설했다. 그는 자기 인생에 관해 세 가지 이야기를 했다. 여기에 그의 세 번째 이야기를 발췌해 소개한다.

"제 세 번째 이야기는 죽음에 관한 것입니다. 17살 때 어딘가에서 글귀를 하나 읽었습니다. 내용은 대강 이러했습니다. '매일 그날이 마지막 날인 것처럼 산다면 언젠가는 올바른 방향으로 나아가게 된다' 그 글귀가 기억에 남더군요. 이후로 나는 매일 아침 거울에 비친 내 모습에게 묻습니다. '오늘이 내 인생의 마지막 날이라면 나는 오늘 하려는 일을 기꺼이 할까?' 그리고 며칠이 지나도록 계속해서 대답이 '아니다'이면 나는 깨닫습니다. 무언가를 바꿔야만 한다고.

오늘이라도 죽을 수 있다는 사실을 떠올리는 일은 내가 큰 결정을 내릴 수 있게 도와주는 중요한 도구입니다. 외부의 기대, 자부심, 고통이나 거절에 대한 두려움 등 거의 모든 일은 죽음에 직면하면 금세 떨어져나갑니다. 정말로 중요한 것만 남죠. 당신이 언젠가 죽는다는 사실을 기억하는 것은 무언가를 잃을지도 모른다는 생각에서 벗어날 수 있는 가장 좋은 방법입니다. 만약 오늘이 당신 인생의 마지막 날이라면 마음의 소리를 따르지 않을 이유가 없습니다.… 죽고 싶어 하는 사람은 아무도 없습니다. 천국에 가기를 원하는 사람들조차 그것 때문에 죽고 싶어 하지는 않습니다. 그렇다 해도 죽음은 우리가 공유한 운명입니다. 일찍이 아무도 죽음을 피하지 못했죠. 그것은 당연한 일이기도 합니다. 죽음은 인생이 만들어낸 것 중 단연 최고의 발명품이거든요. 죽음은 변화의 기폭제입니다. 죽음은 낡은 것을 치워 새로운 것을 위한 자리를 마련합니다.

지금은 여러분이 새로운 것입니다. 하지만 머지않은 미래의 어느 날 여러분은 낡은 것이 되어 길에서 치워지겠죠. 너무 극적으로 말해 미안하지만, 그것이 사실입니다. 여러분의 시간은 한정되어 있습니다. 그러니 다른 사람의 인생을 사느라 시간을 낭비하지 마십시오. 교조주의에 사로잡히지 마십시오. 그것은 다른 사람이 날조해낸 생각을 갖고 사는 것을 의미합니다. 다른 사람들의 시끌벅적한 견해가 당신의 내면에서 나오는 목소리, 마음의 목소리, 직감을 집어삼키게 두지 마십시오."

"여러분의 시간은 한정되어 있습니다.
그러니 다른 사람의 인생을 사느라
시간을 낭비하지 마십시오."_스티브 잡스

스티브 잡스의 연설에서 우리는 무언가 별로 즐겁지 않은 사실을 인식하는 것이 얼마나 유익한지 배울 수 있다. 우리가 실제로 알고 있으면서도 잊고 싶어 하는 그 사실은 바로 우리가 지구상에서 살 수 있는 시간이 한정되어 있다는 것이다. 어느 날(그날이 내일일지 아니면 수십 년 후일지 아무도 알 수 없지만) 지구는 이렇게 말할 것이다. "작고 푸른 행성에 머물러주셔서 대단히 감사합니다. 당신의 여행은 여기까지입니다. 내리십시오."

이제 지구에서의 삶은 끝났다. 이런 상황을 배경으로 해서야 우리는 인생이 얼마나 소중한지 깨닫는다. 우리가 마음대로 사용하는 시간이 얼마나 귀중한지 깨닫는다. 종말에 대한 두려움은 자신의 유한함에 대한 두려움이자 미지에 대한 두려움, 자신이 원하는 대로 살아보지 못한 경우에 대한 두려움이다. 그런 두려움과 씨름하는 일은 용기와 침착함을 필요로 하지만, 엄청난 에너지와 생산성을 발휘하는 관점을 열어주기도 한다. 나는 이 사고 과정이 지금 당장 시작하는 것을 어려워하는 많은 사람에게 지속적인 해결책이 될 수 있으리라 자부한다. 다음 항목들을 실행해보자.

- 거울을 들여다보라.
- 세상에서 당신의 시간이 한정되어 있다는 사실을 인식하라.
- 그 시간을 이용해 무엇을 시작하고 싶은지 자문하라. 당신은 오늘 당신의 시간을 사용해 무슨 일을 시작하고 싶은가?
- 자신에게 두 가지 가능성을 제안하라. 예를 들어 텔레비전을 볼 것인지 언어를 공부할 것인지. 게임을 할 것인지 운동하러 갈 것인지. 친한 친구와 전화로 수다를 떨 것인지 프로젝트에 착수할 것인지.
- 지금 당신의 시간을 어떻게 사용하고 싶은지 결정하라.

앞으로 1년이 남았다면

만약 앞으로 1년밖에 살지 못한다면 사람들은 과연 어떤 태도를 취하게 될까? 어떻게 바뀔까? 프로젝트를 시작하는 데 여전히 문제가 있을까? 혹은 하루하루가 얼마나 소중한지 갑자기 깨닫게 될까?

현재 우리는 죽음을 생각하지 않으려 한다. 그것은 당연하다. 대체 누가 벌써 자신의 종말을 생각하고 싶겠는가? 하지만 갑자기 죽음을 목전에(맙소사! 365일밖에 안 남았다!) 두게 되면 우리는 죽음에 대한 생각과 씨름할 수밖에 없다.

나는 당신에게 영감을 줄 만한 영화로 〈버킷 리스트: 죽기 전에 꼭 하고 싶은 것들〉을 추천한다. 이 영화에서 죽을병에 걸린 두 남자가 서로 알게 된다. 한 사람은 억만장자이고 다른 한 사람은 신중한 자동차 수리공이다. 그들은 자신들에게 남은 마지막 몇 달 동안 버킷 리스트를 작성하고 모든 항목을 실현해나가기로 결심한다. 버킷 리스트란 그들이 죽기 전에 체험하고 싶은 일들을 적은 목록이다. 자신의 버킷 리스트에 대해 생각해보며 한정된 시간 동안 어떤 인생을 살아야 할지, 매일을 어떻게 보내야 할지 생각하게끔 만든다.

적대적으로 대응하라

미루는 습관과 함께 하는 마음속 대화는 원칙적으로 두 사람 사이의 토론과도 다를 바가 없다. 보통 사람에게 적용되는 심리 법칙이 여기에도 똑같이 적용된다는 뜻이다.

이 방법에서 그런 심리 법칙을 유익하게 써보자. 이번에 문제는 뒤에 있는 모든 다리가 끊어져 후퇴할 수 있는 가능성이 전혀 없다고 가정해보자. 이 상황을 어떻게 하면 좋을까? 자기 태도를 고수하고 타인의 견해를 불합리한 것으로 매도해버린 사람은 이제 체면을 잃지 않은 채로 쉽게 주장을 굽힐 수 없다. 그러기 위한 전제 조건은 일을 아주 극단적으로 몰아가는 것이다. 도망갈 수 있는 여지를 주지 않는 것이다. 당신이 실제로 언제든 타협할 용의를 가진 사람이라면 특히.

| 더는 뒤돌아 도망치거나
| 노를 저어 돌아갈 수 없을 정도까지 몰아붙여라.

분명하게 통보하라. 침착함을 유지하라. 당신의 적대적인 태도를 고수하라. 미루는 습관의 발언을 최대한 비방해서 당신이 결국에는 그것의 방식에 절대로 관여할 수 없어야 한다. 관여하면 당신의 명예가 훼손될 수도 있다. 이 시점에 있다면 당신은 유리한 상황에 놓인 것이다.

당신이 상냥하고 예의바른 사람이라 해도 이 전략에서 그런 긍정적인 성격은 오히려 방해가 된다. 당신의 성격과 반대로 예의 없는 망나니가 되어보는 것을 즐겨라. 거침없이 지껄이고 망설임 없이 몰아붙여라. 대화는 다음과 같을 것이다.

"오늘은 날씨가 참 좋네요. 밖에 햇빛이 얼마나 화창한지 한 번 봐요. 이런 날 실내에 앉아서 재미없는 프로젝트에만 열중하는 건 죄를 짓는 거나 마찬가지예요. 자, 잠시 밖에 나가서 신선한 공기를 마셔요. 물론 오래 있을 필요 없어요. 잠깐만. 한 시간 정도. 그러는 편이 당신에게 이로울 거예요."

당신이 할 수 있을 만한 답변은 이렇다.

"뭐야? 아직도 내 옆에 있는 거예요? 그건 내가 들어본 것 중에 최악의 제안이네요. 내가 이미 일정에 뒤처져있다는 건 당신도 아주 잘 알잖아요. 과제를 잘 끝마칠 수 있으려면 난 지금 아주 열심히 노력해야 한다고요. 게다가 우리 둘 다 지금 내가 밖에 나가 휴식을 취하면 한 시간으로 그치지 않을 거라는 걸 알아요. 그건 종말의 시작이 될 거라고요. 일단 한 시간을 쉬고 나면 그 다음엔 두 시간, 그 다음엔 세 시간… 일정은 이미 엉망이 되었겠죠. 과제가 어떻게 될지 뻔해요. 과제를 실패하고 나면 시험 성적이 나쁠 테고 그런 다음엔 졸업시험에서 떨어질 거예요. 결국, 나는 학위도 못 딴 채 거리에 앉아 동전을 구걸하고 플라스틱 병을 모아야겠죠. 인생이 엉망이 되고 내 모든 희망과 가능성이 길거리 쓰레기더미에 처박혀요!

그리고 그 모든 건 밖에 나가라고, 공부에 전념하는 대신 게으름을 피우라고 당신이 나를 꼬드겼기 때문이에요. 그걸 원해요? 정말 그걸 원하나요? 충고하는데, 당신의 그 멍청한 생각과 함께 제발 좀 비켜줘요. 당신처럼 허튼소리나 늘어놓는 사람은 어디 지정된 정신병원에 들여보내야 해요. 어쩜 그렇게 멍청할 수 있죠? 정말 이해가 안 가네요! 그러니 이제 꺼져요! 빨리 내 눈 앞에서 사라지지 않으면 더는 못 참아요."

쿵! 당신은 미루는 습관을 혼쭐냈다. 이 예를 읽고 적어도 당신이 이 전략의 원칙적 개념에 대해 이해했다면 좋겠다. 나는 당신이 이 전략을 사용하며 즐거운 시간을 보내리라 확신한다.

청개구리 전략

이 전략은 흥미로운 생각을 토대로 한 실험이다. 어떤 일이 어려워서 열중하기 힘들다면 지금까지의 기분을 확 뒤집어버려라. 청개구리처럼 반대로 생각하고 행동하라.

다시 정신을 차리고 소득세 신고를 하는 게 너무 힘들다면? 지금부터 세금 문제에 가장 많은 열정을 쏟기로 결심하라. 다른 무엇보다 지금부터 세금은 당신에게 가장 매혹적인 주제다. 당신에게 조세법의 비밀보다 더 흥미진진한 것은 없다. 안 되는가? 아니, 된다. 당신의 세금을 어떻게 신고할지 결정하는 사람은 세상에 단 한 사람, 즉 당신 자신이기 때문이다.

당신이 이 주제와 관련해 어떤 기분을 갖고 싶은지는 당신이 자유롭게 결정할 문제다. 어차피 당신은 그 결정에 관여해야만 한다. 그러니 세금이라는 주제를 향해 신나게 달려가 그것을 얼싸안는 것이 어떻겠는가? 경영학을 공부하는 당신이 결산에 관련된 부분을 전혀 시작할 수 없다면? 지금부터 결산에 대해 열렬한 흥미를 갖기로 결심하라. 전공서적에 달려들어 열정적으로 공부에 매달려라.

미루는 습관의 전략은 분명하다. 미루는 습관은 당신이 그 주제를 끔찍이 싫어한다고 말을 건 다음 당신을 다독여 공부를 될 수 있는 대로 오랫동안 미루고 잊어버리게 할 것이다. 미루는 습관의 말에 전혀 그렇지 않다고 대꾸하라. 정반대로 당신에게 이 주제보다 더 재미있는 것은 없다고 말하라. 예를 들어 대화는 다음과 같을 수 있다.

"그래요, 결산과 관련된 내용은 정말 끔찍하죠. 다행히 다음 강의는 주말에 있네요. 안 되겠어요. 그런 하찮은 공부는 도저히 다른 방도가 없을 때까지 미뤄둬요. 목요일 저녁이나 금요일 아침에 해도 충분해요. 이렇게 숫자만 잔뜩 뒤엉켜있으니 보기만 해도 정말 끔찍하군요."

당신은 이렇게 대답할 수 있을 것이다.

"뭐요? 어째서요? 끔찍하다니요? 아니오, 전혀요! 대체 무슨 소리를 하는 건지 모르겠네요. 나는 결산 과목이 엄청 신나고 재미있는 걸요! 지금 당장 앉아서 꼼꼼히 살펴볼 거예요. 얼마나 재미있는데요! 난 결산 과목을 공부할 때 정말 즐거워요. 이 과목 시험을 제일 잘 보고 싶어요. 그럼 정말 좋겠다!"

자, 틀림없이 미루는 습관은 곧바로 대꾸할 말을 찾았을 것이다. 차분히 망설이지 말고 밀어붙여라. 그런 대응은 재미있을 뿐 아니라 미루는 습관을 당황하게 한다.

더 좋은 대안을 제시하라

미루는 습관이 당신이 좋아할 만한 제안을 이용해 유혹하면 반박하기 어려울 때가 많다. 미루는 습관의 아이디어가 너무 매혹적이어서 자제할 수 없을 때도 가끔 있다. 그런 경우에는 제안을 덥석 받아들이는 수밖에 없다. 하지만 그와 동시에 더 좋은 대안을 선택하라.

예를 들어 당신이 어느 카페를 지나쳐갈 때 미루는 습관이 다이어트를 다음 주로 미루고 맛있는 케이크 한 조각을 먹으라고 제안하면 당신은 더 건강한 음식을 제안하라. 샐러드나 과일 셰이크 같은 당신의 목표와 일치할 수 있는 것으로. 전혀 먹지 않는 것도 물론 괜찮다. 하지만 마음이 약해지는 것 같은 기분이 들면 건강한 대안을 선택하는 쪽이 더 좋다. 대화는 다음과 같을 수 있다.

"알아요. 당신은 정말로 다이어트를 시작하고 싶어 하죠. 하지만 다이어트가 재미없다는 건 우리 둘 다 알잖아요. 그런 고문은 차라리 다음 주로 미뤄요. 이제 곧 비가 온다고 하니 이 카페를 지나치지 맙시다. 이집 케이크가 정말 맛있어요. 일단 들어가서 보기만 해도 틀림없이 마음이 쉽게 약해질 거예요. 당신은 절대로 저항할 수 없어요. 그건 불가항력이랍니다."

당신은 이렇게 대답할 수 있다.

"좋아요, 맛있는 걸 좀 먹어야겠네요. 하지만 내 결심과도 일치하는 음식이어야 해요. 모퉁이 가게에서 채소로 만든 그린 셰이크를 사야겠어요. 맛도 좋고 건강에도 좋거든요."

'귀차니즘' 전략

미루는 습관의 지인, 즉 '게으름'과 연합해 미루는 습관에 대항하라. 미루는 습관이 무언가를 제안할 때마다 당신 안의 게으름(혹은 '귀찮음'이라는 용어가 더 마음에 들면 그렇게 불러도 좋다)이 말한다. "아이고, 지금은 싫어요. 피곤해요."

이런 태도를 이용하면 미루는 습관이 제시하는 제안을 꽤 많이 차단할 수 있다. 구체적 예를 몇 가지 살펴보자.

"밖에 날씨가 참 좋아요. 이런 날 누가 사무실에 앉아있고 싶겠어요? 어서 일어나요! 아이스크림을 먹으러 갑시다. 딸기랑 초콜릿을 곁들이면 진짜 맛있어요."

"아휴, 아니요. 지금은 싫어요. 나가기엔 너무 피곤해요. 차라리 여기 그대로 앉아있을래요."

"이 다이어트는 참 끔찍하네요. 자, 슈퍼마켓에 가서 장을 잔뜩 봅시다. 잔치를 벌여 보자고요!"

"아이고, 아니요. 지금은 장보러 가기 너무 귀찮아요. 됐어요."

미루는 습관과 타협점을 찾아라

일에 대한 압박이 점점 커지고 미루는 습관이 너무 매혹적으로 산만함을 유도한다면 거래를 제안하라. 예를 들면 이렇게 말해보라.

"좋아요, 문제없어요. 잠깐 휴식을 취하면서 페이스북에 새로운 것이 있는지 살펴보죠. 이제 몇 가지 일을 마쳤고 작업도 잘 진행

중이니 보상으로 좀 쉬어도 돼요. 지금 쉬고 14시 정각에 이어서
일하기로 결정했어요."

아무 이상 없다. 미루는 습관이 휴식을 아주 오래 연장해서 당
신이 더는 일을 계속할 수 없게 하려고 시도하리라는 점만 예견하
면 된다. 그동안에 당신은 이미 그렇게 하는 방법들을 터득했을 것
이다. 따라서 당신이 그날 계획한 과제를 완수하기 위해 다시 시작
하고자 하는 정확한 시각을 정하라. 당신은 이 시점에 특히 취약할
수 있다. 미루는 습관이 지금까지 이루어낸 당신의 성과를 치켜세
우려고 시도할 것이기 때문이다.

모든 성과와 노력에 대해
미루는 습관이 얻고자 하는 것은 휴식과 산만함이다.

미루는 습관은 당신이 오늘 벌써 일을 너무 많이 해서 마음 편히
일을 그만둬도 될 것 같은 기분을 느끼기를 바란다. 게다가 분명히
당신은 휴식시간을 가졌다가 다시 시작하는 것이 쉽지 않다고 느
낄 것이다. 그것은 자전거를 타고 산을 올라야 하는 것과 같다. 그
럴 때는 새로운 거래에 들어가는 것이 좋다. 세금 신고서를 세 쪽
만 더 작성하고 나서 다시 페이스북을 클릭한다는 식으로.
  물론 그런 대응 거래가 필요 없다면 더 효과적이겠지만, 말처럼
쉬운 일이 아니다. 단호하고 목표 지향적으로 일을 계속해나갈 수

있는 사람은 축복 받은 사람이다. 하지만 지속적으로 일에만 집중
하는 것이 어려운 사람은 그런 거래들을 이용하면 적어도 일에 붙
어 있을 수 있다.

시작을 방해하는 달콤한 유혹

미루는 습관은 늘 같은 전략을 사용하는 로봇이 아니다. 끊임없이 적응하고 발전해나가는 인공지능과 같다. 그럼에도 불구하고 누구나 어떤 식으로든 계속해서 마주치게 되는 몇몇 고전적인 수법이 있다. 우리는 미루는 습관의 그런 유혹들을 살펴보고 그에 대한 대응책을 논의해보고자 한다.

당신은 이를 테니스 시합과 비교할 수 있다. 당신은 미루는 습관의 맞은편에서 그것이 당신 쪽 코트로 보낸 공을 막아내야 한다. 이 장에 소개된 유혹들처럼 당신이 코트 앞쪽에서 대비할 수 있는 일반적인 공들도 있고, 당신이 전략을 가지고 유연하게 대응해야 하는 당황스럽고 창의적인 공들도 있다. 모든 공을 대비할 수는 없어도 그중 대다수의 공은 대비할 수 있다. 이제 당신은 미루는 습관이 얼마나 다양한 방법으로 당신을 유혹하려 하는지 다시 알아차리게 될 것이다.

"시간이 없어요."

우리는 '시간이 없네요'라는 변명을 잘 알고 있다. 하지만 시간이 있는지 없는지는 주관적 판단이다. 사실 모든 사람이 하루에 사용할 수 있는 시간은 똑같다. 감히 충고를 한 마디 하자면, 제발 당신의 취침시간에는 손대지 마라. 그런 수법은 장기적으로 역효과를 내어 훨씬 더 큰 문제로 이어질 뿐이다.

> 하루에 시간은 누구에게나 똑같이 주어진다.
> 하지만 어떤 이는 목표에 따라 우선순위를 정하고
> 다른 이는 그러지 않는다.

24시간은 결코 적은 시간이 아니다. 하지만 어쩌면 당신은 너무 적은 시간 동안 너무 많은 일을 처리해야 한다고 느끼는 부류에 속하는지도 모른다. 따라서 실질적 문제는 우리가 하고자 하는 일과 실제로 해낼 수 있는 일이 다르다는 점에 있다. 거기에서 스트레스가 생긴다. 시간이 없다는 느낌, 조급하고 압박 받는다는 느낌이 생긴다.

좋은 소식은 우선순위를 잘못 정하거나 아예 정하지 않는 경우만 아니라면 당신에게 시간이 꽤 많다는 것이다. 시간은 충분하다.

그리고 시간을 충분히 가진 사람은 많이 움직일 수 있다. 당신을 스트레스 받게 하고 불만스럽게 하는 것은 계획과 현실 사이의 내적 갈등이다. 시간이 너무 많은 사람도 괴롭기는 마찬가지다. 병원에서의 지루한 대기 시간이나 지연된 열차를 생각해보라. 이 경우에도 우리는 시간이 원인이라고 생각한다.

사실 시간은 중립국인 스위스처럼 중립적이다. 시간은 이 세상에 질서를 가져오고 우리 삶을 조직한다. 이에 대해 우리는 시간에 감사해야 하며 기회가 생길 때마다 시간을 비난해서는 안 된다.

"시간이 없어요"라는 논쟁을 더는 인정하지 마라. 지금부터는 필요 없는 말이다. 하지만 당신이 많은 일을 처리해야 하고 하루에 주어진 시간이 한정되어 있다는 것은 사실이다. 이 사실까지 부인하는 것은 지나친 일일 것이다. 그럼 이제 이 논쟁을 종식시킬 수 있는 방법들을 살펴보자.

당신이 실제로 할 수 있는 것보다
더 많은 일을 계획하면 시간 압박이 생겨난다.

우선 첫 번째로 우선순위를 정하라. 당신이 오늘 처리하고자 하는 일을 모두 모아 목록을 작성하라. 당일 아침 말고 전날 저녁에 계획하는 것이 훨씬 더 좋다. 이 목록을 우선순위에 따라 정돈하라. 가장 중요한 일이 무엇인가? 반드시 오늘 완수해야 하는 일은 무엇인가? 덜 중요한 일은 무엇인가? 가장 중요한 일을 맨 먼저 처리해야 한다. 무엇보다 아침에 당신은 아직 상쾌하고 충분히 휴식을 취한 상태라는 것이 그 이유다. 오늘 실제로 얼마나 많은 일을 할 수 있을 것인지 생각해보라. 그럼에도 불구하고 당신이 전부 실현하지 못하리라고 가정하라. 인간은 본래 자신이 실제 할 수 있는 것보다 지나치게 많은 일을 할 수 있다고 믿는 경향이 있기 때문이다. 따라서 당신의 목록을 좀 더 줄여라. 당신이 우선순위를 제대로 정했는지 검사하라. 다음 항목들을 실행해보라.

1. 전날 저녁에 다음 날 할 일 목록을 작성하라. 순서에 상관없이 그냥 항목들을 적어라.
2. 그다음 우선순위를 정하라. 가장 중요한 항목이 1번이 된다. 두 번째로 중요한 항목이 2번이 되고 그 다음도 마찬가지다.
3. 정말로 하루에 다 할 수 있는지 자문하라. 불가능해 보이는 것들은 모두 삭제하라.
4. 이제 그럼에도 불구하고 당신이 목록을 모두 실현할 수 없다고 가정하라. 따라서 항목을 한두 개 더 삭제하라.
5. 우선순위를 제대로 정했는지 다시 점검하라. 경우에 따라 순서를 바꿔라.
6. 다음날 아침에 일을 시작하라.

그리고 두 번째, 프로젝트를 작은 단계로 나누어라. 작은 단계들을 하나씩 완성하다보면 큰 목표도 달성하게 된다. 왜 자신을 압박하면서 모든 것을 즉시 처리해야 한다고 생각하는가? 지레 겁을 먹고 프로젝트를 진행할 시간이 없다고 추정하지 말고 장기적으로 계획을 세우는 것이 요령이다. 실천 계획을 세우고 매일 프로젝트에 할애할 짧은 시간을 정하라. 새로운 언어를 공부하는 데 할애하는 15분은 언뜻 보기에 그리 많아 보이지 않는다. 하지만 1주일로 계산하면 105분이나 된다. 1개월이면 420분, 즉 7시간이다. 시간은 당신의 적이 아니라 강력한 동맹자다. 다음 항목들을 실행해보라.

1. 목표를 결정하라.
2. 매일 짧은 시간만 들이면 되도록 실천 계획을 세워라.
3. 당신이 매일 작은 단계를 완수해 목표 달성에 차츰 다가갈 수 있도록 장기적으로 계획을 세워라.
4. 매일 그날의 계획을 지켜라. 성공 여부는 당신이 작은 단계들을 꾸준히 실행하느냐 못 하느냐에 달려있다.
5. 진행 상황을 정기적으로 점검하라. 규칙적으로 실행하는 것이 어렵다면 단계별 작업량이 너무 많은 것인지도 모른다. 새로 계획을 짜서 이번에는 단계별 작업량을 훨씬 더 적게 줄여라.

　세 번째로 시간 활용도를 높여라. 당신이 해야 할 일이 헤아릴 수 없이 많고 늘 바쁘다는 사실을 나는 알고 있다. 하지만 당신은 정말로 시간을 최대한 잘 활용하고 있는가? 기차나 지하철에서 어휘를 공부할 수 있는데도 왜 창밖만 내다보는가? 프로젝트에 몰두할 수 있는데도 왜 호두까기 인형 공연을 여섯 번째 보러 가는가? 프로젝트에 대해 깊이 생각해볼 수 있는데도 왜 피트니스센터에서 텔레비전을 보는가? 오해하지 마라. 나는 인간을 자유시간이 필요 없도록 완벽히 조직된 로봇으로 만들어야 한다고 생각하는 사람이 아니다. 그런 삶은 추구할 가치가 없다고 생각한다. 다만 나는 당신이 자기 시간을 어떻게 보내는지 의도적으로 인지하고 그 근거를 묻도록 격려하고 싶을 뿐이다. 다음 항목들을 실행해보라.

1. 머릿속으로 당신의 일상을 점검해보라. 아침부터 저녁까지.
2. 더욱 생산적이 될 수 있는 가능성은 어디에 있는지 생각해보라. 당신은 어디에서 프로젝트에 몰두할 수 있는가?
3. 지나치게 하지 마라. 당신은 휴식이 필요 없도록 최적화된 로봇이 아니다. 수면과 휴식을 너무 적게 취하면 결국에는 더 안 좋은 영향을 끼친다.

더 생산적이 될 수 있는 기회는 일상 속 어디에 숨어 있을까?

마지막으로 시간 낭비를 없애라. 하지만 전부 없애지는 마라. 이미 말했듯이 휴식은 중요하다. 하지만 '어딘가에서 쓸데없이 많은 시간이 낭비되어 당신의 행복을 해치지는 않는가'라는 관점으로 자신의 일상을 살펴볼 필요가 있다는 말이다. 즉, 여기에 당신의 행복이 달려있다. 당신이 텔레비전 시리즈물을 시청하는 것이 그것을 볼 때 행복하기 때문이라면 괜찮다. 하지만 일을 피해 주의를 딴 데로 돌릴 목적으로 텔레비전을 볼 뿐 실제로 아무것도 느끼는게 없다면 그것은 의미 없는 일이다. 그런 행동은 굳이 할 필요가 없다.

결론적으로 당신은 시간을 충분히 갖고 있다. 여기서 요령은 우선순위를 올바로 정하는 것이다. 어떤 목표가 당신에게 정말 중요하다면 당신은 그것을 달성할 방법을 찾을 것이다. 목표를 반드시 당장 달성할 필요는 없다. 시간의 힘을 이용하라. 매일 조금씩 움직여 목표를 향해 나아가라. 작은 단계들을 완수하다보면 마침내 목표에도 이르게 된다.

"시간이 없어요"라고 말하는 사람은 대부분
시간의 힘이 본래 무엇인지도 잘 모르는 사람이다.

시간이 없다는 변명 잠재우기

이제 흥미로운 주제로 넘어가보자. 우리는 시간이 없다는 느낌을 어떻게 다뤄야 할까? 인생에는 '지금'이라는 순간만 있고 다른 모든 것은 허상이라고 말하는 사람들도 있다. 옳은 말일지도 모르지만, 이해하기 어렵다. 그렇기 때문에 누군가는 시간이라는 주제를 두고 며칠 동안 세미나를 진행하며 전반적 의미가 무엇인지 설명하려 애쓴다. 나는 당신에게 작은 지름길을 제시하고자 한다. 우선 다음 세 가지 관찰 사실을 열거해보겠다.

1. 우리 인간은 자신이 해낼 수 있는 것보다 더 많은 것을 계획하려는 경향이 있다.

2. 할 일 목록에 늘 무언가가 들어있다. 할 일이 아무것도 없는 상태는 존재하지 않는다.

3. 첫 번째와 두 번째 항목은 우리가 스트레스와 불만족을 느끼도록 조장한다. 우리는 시간이 너무 빨리 흘러가서 시간에 보조를 맞출 수 없다고 느낀다.

위와 같은 관찰의 대응책은 시간에 대한 당신의 인식을 근본적으로 바꾸는 것으로 시작할 수 있다. 바로 순간을 의도적으로 인지하는 것이다. 압박을 받고 조급할 때 당신은 지나쳐가는 '순간'을 인지하지 못한다. 그런 상황은 포뮬러 원 경주용 자동차 조종석에 앉아 인생을 질주하는 것과 같다. 당신은 길가의 아름다운 풍경을 거의 보지 못한 채 지나쳐 질주한다. 해결책은 천천히 자전거를 타고 주변을 둘러보며 움직이는 것처럼 순간을 인지하는 법을 터득하는 것이다.

힘들이지 않고 즉시 실천할 수 있는 연습법을 소개하겠다. 머릿속으로 당신이 지금 하는 모든 행동을 설명하라. 당신은 아마 텔레비전에서 진행자가 자신이 지금 무엇을 하는지 계속해서 얘기하는 것을 본 적이 있을 것이다. 방송 중에 정적이 생기면 분위기가 어색해지기 때문에 시청자의 주의를 집중시키기 위해 끊임없이 상황을 설명한다. 예를 들어 진행자는 무대를 지나 출연자에게 가면서 이렇게 말한다. "자, 이제 제가 다음으로 출연할 팀이 있는 곳으로 걸어가 그 팀이 준비를 마쳤는지 한 번 보도록 하겠습니다."

당신도 여기에서 그렇게 해보라. 당신이 지금 하는 것을 설명하라. 예를 들면 다음과 같을 수 있다.

나는 생각한다. '아하, 책에 있는 내용이 아주 간단한 것 같네. 좋아. 그럼 한 번 시험해 봐야지' 나는 책에 책갈피를 꽂고 덮은 다음 옆에 놓는다. 그리고는 이불을 젖히고 일어나 창가로 간다. 나는 밖이 벌써 아주 깜깜해졌다는 것을 깨달으며 귀를 긁는다. 멀리서 자동차들이 지나가는 소리가 들린다. 전에는 전혀 내 주의를 끌지 않았던 소리다. 나는 눈을 비비고 생각한다. '시간이 꽤 늦었네. 지금 읽는 장이 얼마나 더 남았지? 좋아, 이 장만 읽고 나서 불을 꺼야지. 이제 연습이 끝난 건가? 얼마나 오래 해야 하는 거야?' 나는 다시 침대로 들어가 앉는다. 이제 책을 잡고 책갈피가 있는 곳을 편다. 계속해서 책을 읽는다.

이 연습의 관건은 순간에 대한 의식을 얻는 것이다. 순간을 인식하지 못하면 인생은 그저 당신 옆을 지나쳐 날아가 버리기 때문이다. 당신은 끊임없이 조바심내며 불만을 느끼게 된다. 그러니 시간 관리 전문가이자 컨설턴트인 로타르 자이베르트의 '바쁠수록 돌아가라'라는 명언처럼 속도를 조금 늦출 필요가 있다.

나를 스쳐가는 순간을 의도적으로 인지하라.
다시 말해, 더욱 치열하게 살아라.

이미 설명한 바와 같이 스트레스를 받으면 우리는 포뮬러 원 경주용 자동차 조정석에 앉아 불안하게 인생을 질주하는 것처럼 느끼게 된다. 우리는 더 이상 주변을 둘러보지 못하고 많은 것을 더는 의도적으로 인지하지 못한다. 집중하지 않기 때문이다. 실제로 우리는 이미 무언가를 하는 동시에 다음 도전에 대한 생각에 잠겨 있다.

이 연습의 관건은 다시 '제대로 보는 것'이다. 일상용품 중 하나를 마음대로 골라 가져와 당신 앞 책상에 놓아라. 5분 동안 그 물건을 관찰하라. 물건은 아침식사로 먹을 빵이 될 수 있다. 혹은 차를 마시고 난 잔일 수도 있다. 연필이나 다리미나 식물의 잎일 수도 있다. 당신은 그런 평범한 물건에서 발견할 것이 꽤 많다는 사실을 깨닫고 깜짝 놀랄 것이다. 당신은 신기해하며 당신이 이 물건을 제대로 본 적이 있는지 자문하게 될 것이다. 그리고 5분이 얼마나 긴 시간일 수 있는지도 깨달을 것이다. 차분히 이 연습을 시험해보라.

이 연습을 통해 순간과 시간에 대해 더 많은 느낌을 얻어 보라. 당신의 포뮬러 원 경주용 자동차를 멈추고 차에서 내려 하늘에 천천히 떠가는 구름을 관찰하라. 자명종을 맞춰놓고 5분 동안 구름에 몰두하라. 무엇을 느꼈는가? 5분이 길게 느껴졌는가?

"이번이 마지막이에요!"

미루는 습관이 아주 좋아하는 유혹 기술은 당신의 목표가 원칙적으로 옳다고 인정하면서도 마지막으로 한 번만 더 위반하는 것은 괜찮다며 떼를 쓰는 것이다. 마지막으로 한 번만 더! 제발! 여기에서 미루는 습관은 엄마에게 아이스크림을 더 달라고 조르는 꼬마처럼 군다. 예를 들면 다음과 같다.

"그래요, 당신이 옳아요. 초콜릿 아이스크림은 체중을 빼는 데 좋지 않죠. 맞고 말고요. 당신 의견에 전적으로 동의해요. 다이어트하려는 거잖아요. 당연히 괜찮아요. 하지만 이번 한 번은 먹어도 돼요. 걱정 말아요. 이번이 마지막이니까. 딱 한 번만 더, 괜찮죠? 이 정도쯤 한 번 어긴다고 무슨 일이 나겠어요? 자 어서, 결심해요! 지금 이게 마지막 기회라고요. 이 살살 녹는 아이스크림이 얼마나 맛있는지 당신도 알잖아요. 진한 초콜릿 맛은 말로 표현할 수 없을 정도로 황홀하죠! 그러니 서둘러요! 한 번만 더. 작별인사로. 그런 다음에는 아주 오랫동안 더는 아이스크림을 먹지 말아요. 아주 새로운 인생이 시작되는 거예요. 매일 운동하고 건강한 음식을 먹고. 당신이 곧 운동하면서 견뎌야 할 그 모든 것에 대해 받는 일종의 선금이라고 칩시다."

와, 정말 좋을 것 같지 않은가? 이런 주장에는 어떻게 맞서야 할까? 이럴 때는 미루는 습관에게 진실을 거리낌 없이 털어놓는 것이 가장 좋다.

"예전에는 그런 말에 속아 넘어갔을지 몰라도 지금 난 더 영리해졌어요. 그래서 알아요. '마지막' 후에 '정말 마지막'이 오고 그 다음엔 '정말 정말 마지막', 그 다음엔 '진짜 정말 정말 마지막', 그리고 나서는 '진짜 진짜 정말 정말 마지막'이 온다는 걸 말이죠. 간단히 말해 당신이 말하는 이 '마지막'은 한없이 길어져 절대로 끝나지 않아요. 그것이 진실이고 내가 당신의 주장에 관여하지 않는 이유예요. '마지막 한 번' 같은 헛소리는 집어치워요!"

"한 번쯤은 아무것도 아니에요"

미루는 습관은 완전히 잘못된 것에 구미가 당기도록 우리를 유혹하기도 한다. 이에 대한 전형적인 예를 들어보겠다. 당신은 다이어트를 하려고 앞으로 6주 동안 단 것을 끊기로 결심한다. 이제 미루는 습관은 당신을 못살게 굴면서 계획을 포기하고 부정행위를 저지르도록 설득하고 싶어 한다. 이 경우 미루는 습관은 '한 번은 아무것도 아니다'라는 주장을 즐겨 이용한다. 한번은 작은 실수로 넘어갈 수 있다고 말한다.

6주 동안이나 단 음식을 먹지 않기로 한 사람은 당연히 한 번쯤 규칙을 어겨도 된다. 그렇지 않은가? 이것은 충분히 이해가 가는 주장이고 내가 생각하기에도 그럴듯하다. 그래서 이 주장이 매우 위험하다. 요점은 한 번 유혹에 빠지는 것이 아니라 '자주' 유혹에 빠지는 것이기 때문이다. 6주 동안 정말로 단 한 번만 초콜릿을 먹었다면 부정적인 영향이 거의 없을 것이므로 당신은 마음껏 자부심을 느껴도 될 것이다. 하지만 실제로는 미루는 습관이 '이 한 번은 아무것도 아니다'라는 말을 더 자주 꺼내려고 애쓸 것이 뻔하다. 한 번은 아무것도 아니지만, 열 번은 꽤 많은 것이다. 위반 횟수는 점점 더 늘어나고 결심은 저 멀리 달아나버린다.

간단히 말해, 이 주장이 나오면 당신은 즉시 적극적으로 반박해야 한다. 미루는 습관과의 대화는 다음과 같을 수 있다.

한 번은 별 거 아니다.
하지만 여러 번 어기게 되면
상황은 걷잡을 수 없이 어려워진다.

"훌륭해요. 지난 며칠 동안 당신은 자신을 잘 통제했어요. 하지만 햇볕이 얼마나 아름다운지 좀 봐요. 아이스크림은 이런 날 먹어야 해요. 한 번쯤은 상관없어요. 많이 먹을 필요 없이 조금만 먹어도 충분해요. 한 번으로는 몸무게가 전혀 늘지 않아요. 어차피 다이어트 기간 내내 몸무게를 관찰해야 하잖아요, 그렇지 않나요?"

당신은 이제 의지를 확고히 유지한 채 그런 이야기는 하고 싶지 않다고 답할 수도 있을 것이다. 이것도 멋진 답변이고 좋은 전략이기는 하지만, 이 방법은 끝까지 그런 태도를 고수해야만 한다는 것이 문제다!

따라서 정당하고 장기적인 관점으로 볼 때 나는 조금 양보하는 것이 현명하다고 생각한다. 사실상 양보가 당신의 목표에 약간 손해를 끼친다 해도 장기적으로 보면 당신은 이 양보를 이용해 '한 번은 아무것도 아니다'는 주장을 무효로 만들 수 있다. 당신은 다음과 같이 맞장구치며 말할 수 있을 것이다.

"그래요, 한 번은 아무것도 아니에요. 아이스크림을 먹어야겠네요. 하지만 그걸로 이 얘기는 끝인 거예요. 한 번은 아무것도 아니지만, 열 번은 아무것도 아닌 게 아니죠. 난 이미 알아요. 당신이 금세 다시 이 말을 이용해 유혹하리라는 걸. 하지만 나는 굴복하지 않을 거예요. 그 방법은 이미 사용되었으니까요. 두 번도 아무것이 아니라고 말할 생각이면 그만둬요. 내가 그 말에 동의하면 모든 게 엉망진창이 되고 난 굳은 결심을 망각할 수 있거든요. 따라서 한 번 어기는 건 괜찮지만, 두 번 어기는 건 안 돼요."

확신컨대 미루는 습관은 즉시 당신 말에 동의하고는 다시 똑같은 주장을 가지고 당신을 향해 다가올 것이다. 아무 일 없었다는 듯이. '한 번은 아무것도 아니다'는 말이 계속해서 유효하다는 듯이. 이제 당신은 확실한 태도를 취해야 한다. 당신이 굴복하면 당신의 결심은 금세 끝장나버린다. 그러고 나면 정말로 모든 것이 엉망진창이 된다. 당신은 다음과 같이 답할 수 있을 것이다.

"한 번은 아무것도 아니라는 말은 좋지만, 이미 우리는 그렇게 했잖아요. 두 번은 두 번이지 아무것도 아닌 게 아니에요. 따라서 내 대답은 아주 확실하게 '아니요'예요. 더는 아무 말도 하지 말아요. 어차피 통하지 않을 거예요."

"보상 받을 자격 있어요!"

놀랍게도 어떤 상황에도 축하할 이유는 늘 있다. 우리가 작은 일만 겨우 제대로 처리했을 때도 미루는 습관은 이 사실을 알리며 결심을 제쳐두라고 졸라댄다. 자신의 신념에 따라 이렇게 말한다. "훌륭해요. 보상을 받을 자격이 있어요! 보상은 원칙적으로 아주 의미 있는 것이죠." 문제는 끊임없이 보상을 받으면 규율이 서지 않게 되고 보상에 대한 매력도 효력을 잃는다는 점이다. 따라서 여기에서도 당신은 미루는 습관의 의견에 반박해야 한다.

> 미루는 습관은 늘 보상을 받기 위해
> 축하할 구실을 찾아낸다.

미루는 습관이 '축하해야 한다'는 소망을 이용해 끊임없이 당신에게 접근하리라는 사실을 인식하라. 정확히 언제부터 보상을 받을 자격이 생기는 건지 곰곰이 생각해보라. 이 보상을 전략적으로 이용해 자극과 동기부여로 삼아라. 간단히 말해, 보상을 의도적으로 이용하라. 즉흥적 충동에 이끌려 매번 보상과 관련된 유혹에 넘어가서는 안 된다.

"축하해요! 멋지게 해냈군요. 대단해요! 그런 멋진 일을 해냈으니 보상을 받아야죠. 네, 당신이 자제하고 싶어 한다는 거 알아요. 하지만 그런 성과를 냈으니 보상을 받아야 해요."

당신은 이렇게 대답할 수 있을 것이다. "고맙습니다. 맞아요. 성과를 냈으니 보상을 받아야 하죠. 하지만 난 내가 세운 보상 계획을 따르고 싶어요. 내가 지금 예외로 보상을 받으면 당신은 틀림없이 내일 또 다시 귀찮게 굴며 보상을 제안할 거예요. 고맙지만, 됐어요. 계획대로 정확하게 보상을 이용하는 편이 장기적으로 내게 더 좋아요."

"괜찮아요, 아무도 보지 않아요"

사실 당신은 건강한 음식을 먹고 싶다. 그런데도 맛있는 과자를 파는 깔끔한 카페가 시야에 들어오면 미루는 습관은 당신에게 다음과 같이 유혹적으로 속삭인다. "자 어서, 결심해요. 아무도 보지 않아요." 하지만 그 말이 완전히 맞는 것은 아니다. 따라서 이렇게 대꾸하는 게 제일 좋다. "아니요, 이미 누군가가 보고 있어요. 내가 보잖아요."

미루는 습관의 전략은 비난할 사람이 아무도 없으므로 거리낌 없이 부정행위를 저질러도 된다는 느낌을 당신에게 주는 것이다. 미루는 습관이 "괜찮아요. 몰래 해도 돼요."라고 제안하면 분명하게 답변하라. "나는 참여하지 않겠어요. 나는 스스로 자신을 통제하고 다른 이의 생각에 의존하지 않아요. 중요한 건 나 자신의 생각이죠. 내가 어떤 계획을 실천하기로 결정했다면 그건 내 프로젝트이고 나에게서 직접 통제를 받는 거예요. 그러니까 다른 사람이

나를 통제하는 것처럼 말해봤자 소용없어요. 내가 스스로 책임져요. 아주 확실하게 말해두죠. 고맙지만, 됐어요."

"다른 사람들은 훨씬 더해요!"

미루는 습관의 이 전략은 단순하고도 천재적이다. 당신의 단점이나 부정적 특성을 당신보다 더 나쁜 상황에 처한 사람과 비교한다. 당신보다 훨씬 더 나쁜 상황과 비교하면 당신의 단점이나 부정적 특성은 다시 아주 좋아 보인다.

이를 구체적으로 살펴보겠다. 몸무게가 좀 늘어나서 당신이 다시 운동을 시작하고 싶어 한다고 가정하자. 당신은 피트니스센터로 가는 길에 아이스크림 트럭 한 대를 지나친다. 벌써 미루는 습관은 당신의 귀에 대고 속삭인다.

"어머, 오늘 날씨가 참 좋네요. 오늘은 운동하러 가지 말고 공원으로 가요. 맛있는 아이스크림을 고른 다음 햇볕을 쬐며 즐거운 시간을 보내요. 당신은 그럴 자격이 있어요. 그동안 벌써 다섯 번이나 운동하러 갔잖아요! 그건 대단한 일이라고요! 자, 아이스크림을 가지러 갑시다! 뭐요? 무슨 말이죠? 당신이 너무 뚱뚱해서 아이스크림을 먹을 수 없다고요? 하하! 말도 안 돼! 당신은 뚱뚱하지 않아요! 제발 웃기는 소리 좀 그만해요. 저 뒤에 뚱뚱한 남자를 봐요. 저 사람이 진짜 뚱보예요. 그에 비하면 당신은 거식증 환자나 다름없어요. 정말이라니까요. 그러니 아무 생각 말고 어서 아이스크림을 먹어요."

이 경우 당신의 답변은 기준을 다시 바로잡는 것이어야 한다. 당신은 그 남자와 자신을 비교할 의향이 없다고 분명히 말하라. 그런 비교는 당신의 기준이 될 수 없다고.

"좋은 시도이기는 하지만, 그건 안 되겠어요. 기준을 바꾸고 나를 다른 사람과 비교하는 건 논할 가치도 없는 문제예요. 나는 아무와도 나를 비교하지 않아요. 지금도 그렇고 앞으로도 그럴 겁니다. 이제 그 이야기는 그만하죠. 이상 끝."

당신의 기준에서 조금도 벗어나고 싶지 않다는 뜻을 분명하게 밝혀라. 당신이 그렇게 하지 않으면, 미루는 습관은 포기하지 않을 것이다. 솔직히 말해, 미루는 습관은 절대 포기하지 않을 것이다.

"..."

점, 점, 점? 이게 무슨 뜻일까? 이 마침표 세 개는 미루는 습관 또한 보통 아무것도 언급하지 않고 토론하지 않는 상황을 만들고 싶어 한다는 것을 나타낸다. 미루는 습관은 당신이 생각 없이 충동에만 따르는 것을 원한다. 전형적인 예를 하나 들어보겠다. 당신은 슈퍼마켓 계산대에 서서(깊이 생각해보지도 않고) 초콜릿 바 한 개를 더 집는다. 숙고하지 않은 채 그냥 그렇게 한다. 여기에서 미루는 습관은 한 마디도 말하지 않는다. 당신의 머릿속은 완벽한 침묵이 지배한다. 충동, 즉 '욕구'만이 적극적으로 당신을 조종한다. 이럴 때 당신이 어떻게 반응해야 하는지는 분명하다. 깨어나라! 생각하라! 말하라! 토론하라! 경보를 울려라! 당신은 지금 단순하고 어리석은 충동에 제압당하고 지배당하려 한다. 당신의 머리가 다시 돌아가게 만들어라. 지금 그곳에 무슨 일이 일어나는지 알아차려라. 다음과 같은 말로 공격을 물리쳐라.

"잠깐만, 여기에서 무슨 일이 일어나는 거지? 건강한 음식을 먹기로 해놓고 아무 생각 없이 초콜릿 바를 집었네. 이제 미루는 습관한테 기습당하게 생겼군. 하지만 어림없어. 초콜릿 바는 그냥 다시 원위치에 두면 돼. 이제 끝. 공격을 막아냈다. 역시 생각이 도움을 주는군."

미루는 습관에 반격할 무기

우리가 보았듯이 미루는 습관은 천재적인 상대다. 그것은 우리의 일부이고 개인적 특성에 속하므로 우리는 미루는 습관을 완전히 극복할 수 없다. 우리가 할 수 있는 일은 계속해서 반격하는 것뿐이다. 긴 안목으로 볼 때 우리가 합리적인 생활 양식에 습관을 붙이게 된다면 반격은 좀 더 쉬워진다.

그럼에도 불구하고 미루는 습관이 계속해서 새롭게 우리를 유혹하는 경우에는 어떻게 해야 할까. 이미 앞에서 문구를 인용한 바 있는 페르디낭 포슈는 "문제가 어렵다고 말하지 마라. 어렵지 않다면 그것은 문제가 아닐 것이다."라고 말했다. 다음에서 우리는 의지를 굽히지 않으면서 미루는 습관이 원하는 대로 따르지 않도록 도와주는 보조 수단들을 살펴볼 것이다.

목표 설정 지도와 실천 계획

우리는 이미 목표 설정 지도와 실천 계획을 상세히 다루었다. 특히 실천 계획은 분명한 증거가 된다. 미루는 습관이 우리에게 오늘 일을 내일 해도 된다고 말하면 실천 계획은 명백한 사실이 무엇인지 알려준다. 목표 설정 지도도 우리의 우선순위가 어디에 놓여있는지 금세 알려준다. 게다가 당신은 이 두 보조 수단에 미래를 위한 특별한 가치를 부여해 그것들을 강화할 수 있다. 그것들을 소중히 다루어라.

미루는 습관은 일을 미루고 싶어 한다.
그럴 때 실천 계획을 보면
미뤄도 되는지 안 되는지 분명해진다.

당신이 빵을 먹을 때 받침으로 사용해서 목표 설정 지도에 기름 얼룩이 묻었다면 상황은 뻔하다. 당신은 계획을 그리 중요하게 여기지 않는 것이 분명하다. 그와 반대로 당신이 계획을 서류철에 넣어 세심하게 보관하고 종이가 구겨지지 않도록 신경 쓴다면 당신은 틀림없이 목표 설정 지도를 존중하고 무언가 귀중한 것으로 여긴다는 뜻이다. 실천 계획의 경우도 똑같다.

당신이 그 두 가지를 모두 정중히 다루고 귀중하게 여긴다면 당신의 발언에도 자동적으로 많은 책임과 무게가 실리고 당신은 그 발언으로 미루는 습관을 거부할 수 있다. 미루는 습관과의 대화는 다음과 같을 수 있을 것이다.

"잠깐만요. 지금 곧 당신이 좋아하는 텔레비전 시리즈가 나와요. 오늘 충분히 했잖아요. 오늘은 그만 마무리 짓고 방송을 봐요. 내일도 있잖아요."

당신은 이렇게 대답할 수 있을 것이다.

"내 계획표를 잠깐 볼게요. 아니요, 미안해요. 방송을 보면 좋겠지만, 오늘은 안 되겠어요. 계획표에는 내가 아직 오늘 해야 할 분량을 마치지 못한 것으로 나와 있네요. 지금 일을 미루면 난 당신에게 수문을 열어주는 꼴이 되죠. 그럼 난 내일 다시 일을 미루고 계획을 지킬 수 없게 돼요. 그러니 고맙지만, 됐어요. 난 계획을 지킬래요."

미루는 습관을 제압할 '1초 방패'

당신은 미루는 습관이 언제 당신에게 다가올지 예측할 수 없다. 원칙적으로 미루는 습관은 언제든 다가올 수 있고 그것이 말을 걸어오지 못하도록 방어할 수 있는 수단은 거의 없다. 게다가 우리는 이성뿐 아니라 감정과 욕구도 가진 인간이다. 감정과 욕구는 기꺼이 우리 계획을 좌절시킨다. 자신이 왜 하필 그런 방식으로 행동하고 싶은 건지 아무리 머리를 싸매고 생각해봐도 소용없다. 간단히 말해, 우리에게 취약한 순간은 늘 있게 마련이다. 당신은 그런 경우에도 대비해야 한다.

> 모든 인간은 미루는 습관의 주장에 대해
> 때로는 더 강하게, 때로는 한없이 약하게 저항한다.

마음이 미루는 습관 때문에 오락가락한다면 당신은 무엇을 할 수 있을까? 그런 상황에서 빠르게 대응할 수 있는 방법으로 '1초 방패'가 있다. 당신은 이 방패를 준비해야 한다. 그런 상황에 처했을 때를 대비해 미리 방패를 생각해둘 수 있다. 그리고 즉시 사용할 수 있게 항상 가지고 있어야 한다. 당신의 머릿속에 말이다.

취약한 순간에 미루는 습관에게서 당신을 보호해줄 생각 한 가지를 준비하는 것이 1초 방패의 원리다. '1초'라는 표현으로 분명히 알 수 있듯이 생각은 빠르고 단순해야 한다. 미루는 습관이 매복해 있다가 공격하면 당신은 장광설을 늘어놓을 시간이 없다. 한 가지 생각을 떠올릴 시간 밖에 없다. 예를 들어 이 생각은 당신의 미래상이나 이상일 수 있다. 그것들은 쉽게 떠오른다. 그럼에도 불구하고 그런 순간에 무엇이 미루는 습관을 물리치기 위한 최선의 생각일 수 있을지 미리 곰곰이 생각해보라. 상황에 따라 당신에게 훨씬 더 큰 도움이 되는 생각은 무언가 전혀 다른 것일지도 모른다. 당신의 1초 방패가 더 정교하고 용의주도할수록 취약한 순간에도 미루는 습관의 공격을 견뎌낼 가능성이 더 높아진다.

여기에 당신에게 영감을 줄 만한 예를 하나 들어보겠다. 당신은 달리기를 시작하고 싶어서 매일 짧게 조깅하기로 작정한다. 벌써 2주째 꾸준히 실행 중이다. 그런데 예상치도 못한 순간에 갑자기 미루는 습관이 덤벼든다.

미루는 습관이 당신에게 속삭인다. "저기, 오늘 비가 많이 온대요. 그러니 달리기를 취소해도 돼요. 어쨌든 당신은 그사이에 이미 아주 잘해왔잖아요. 2주째 매일 달리다니! 대단하군요. 이제 하루쯤 건너뛰어도 되지 않아요? 자, 마음 편히 집에서 게임이나 합시다. 게임한 지가 꽤 오래됐네요."

어이쿠! 위험한 상황이다. 게임기를 켜면 상황은 즉시 끝나버린다. 달리기가 취소될 게 뻔하다. 지금이 바로 1초 방패가 필요한 순간이다. 예를 들어 지금 1초 방패는 뉴욕 마라톤 대회에서 결승점으로 달려 들어오는 상상일 수 있다. 그 장면과 함께 느껴질 기분도 결합시켜보라. 이 경우에 느낌은 행복과 자부심, 기쁨일 것이다.

성공 경험을 기록하라

뭔가를 시작해 목표를 향해 가다보면 '내가 정말 해낼 수 있을까'라는 의심이 드는 때가 오기도 한다. 의심은 지극히 정상적인 것이다. 요령은 이 의심의 목소리를 듣지 않는 것에 있다. 당신은 이미 많은 것을 이뤄냈다. 훌륭하다! 그러니 당신이 가고 있는 길에 머물고 미루는 습관에게 현혹되지 마라. 이와 관련하여 당신의 성공 체험을 모아 소책자나 데이터를 작성하는 것이 도움이 된다. 시작하지 못하는 취약한 순간에 이 기록들은 당신에게 동기를 부여해줄 수 있다. 당신은 자신이 해낼 수 있다는 것을 안다. 확고한 의지로 계속 나아가라. 소책자에는 다음과 같은 내용이 담길 수 있을 것이다.

8월 2일. 슈퍼마켓에서 강한 식욕이 엄습했다. 초콜릿 한 개를 쇼핑 카트에 넣고 싶다는 유혹에 사로잡히고 말았다. 재빨리 내 미래상을 떠올렸다. 그런 다음 멈추지 않고 계속 걸어갔다. 야호! 해냈다. 성공했어.

8월 5일. 하이케가 아이스크림을 먹자고 청했다. 하이케는 세 가지 아이스크림을 골랐다. 나는 아이스크림을 포기하고 카푸치노 한 잔을 주문했다. 하이케가 마음이 상했을까 걱정했지만, 그는 나의 철저한 태도가 멋진 것 같다고 말했다.

8월 9일. 토끼 모양의 작은 부활절 초콜릿이 냉장고에 아직 두 개 남았다. 저녁이 되자 초콜릿 토끼의 귀를 뜯어먹고 싶은 큰 유혹을 느꼈다. 하지만 난 오히려 사과 한 개를 베어 물었다. 좋아, 그거야!

8월 10일. 와, 초콜릿을 없앴다. 이웃 꼬마에게 선물로 주었다. 이제 유혹도 없어졌다.

7장

'두려움'을
이겨내라

실패를 활용하는 기술

멈춰서 두려움에 떨게 만드는
모든 경험을 통해 강인함,
용기, 자신감을 얻는다.
'이런 공포를 이겨냈으니
다음에 오는 것도 문제 없어'라고
스스로 되뇔 수 있게 된다.
따라서 할 수 없다고 생각되는
일을 시작하라.

-엘리너 루즈벨트

누구에게나
'두려움'은 있다

　두려움이라는 감정은 나약하거나 소심한 소수의 사람에게만 있는 것이 아니다. 아니, 오히려 그것은 대다수의 사람과 관련된 현상이다. 따라서 그것은 전혀 흠이 아니다. 사실 두려움은 가벼운 감기만큼이나 널리 퍼져 있다. 하지만 아무도 그것에 대해 말하려 하지 않는다. 그 때문에 사람들은 세상에서 자신이 이 문제를 가진 유일한 사람일 거라고 느끼기도 한다.

　글을 쓰는 사람들에게 두려움의 감정이 가장 많이 나타나는 경우는 백지를 마주했을 때이다. 아무것도 적혀 있지 않고 오롯이 자신이 그 종이를 채워나가야 한다는 부담감이 들 때 두려움을 느끼게 된다.

> 사람들은 두려움을 갖는 것을
> 나약함의 상징으로 여긴다.
> 두려움은 일종의 금기가 되어버렸다.

우리는 백지에 대한 두려움을 가진 사람들을 뜻밖의 장소에서 발견한다. 흰 종이를 자신의 생각으로 채워 돈을 버는 사람들 가운데에 흔치 않게 그런 경우를 볼 수 있다. 내가 카피라이터 양성 학교인 함부르크 텍스터슈미데Texterschmide에서 강연할 때 첫 번째 휴식시간에 한 여학생이 내게 와서 아주 솔직하게 자기 이야기를 털어놓았다. 학생은 자신이 이따금 백지에 대해 너무 큰 두려움을 느껴서 마비된 것처럼 아무것도 할 수 없다고 말했다. 무력감이 자신을 사로잡아 명확한 생각을 품을 수 없게 한다고. 충격을 받은 상태처럼 몸이 뻣뻣이 굳는다고. 그런 현상이 몇 분 혹은 며칠 동안 지속된다고 했다.

당신에게만 있는 감정이 아니다

백지에 대한 두려움 없이 살기 위한 첫걸음은 자신과 같은 현상을 겪는 사람이 많다는 사실을 깨닫는 것이다. 이 깨달음이 어쩌면 가장 중요할지도 모르겠다. 아니, 당신은 우스꽝스럽고 별난 사람이 아니다. 다른 사람들도 마찬가지로 그 문제와 씨름한다. 이런 인식을 통해 아무쪼록 당사자들의 불편한 심기와 우려가 조금 줄어들 수 있다면 좋겠다. 다행히 텅 빈 백지에 대한 두려움은 우리가 처리할 수 있는 문제다. 이 책에서 실용적 도움을 얻을 수 있다.

그러니 기운을 내라! 함께 문제를 처리해보자.

당신이 문제를 직시하는 것을 불편하게 여기고 그것에 대해 생각하지 않으려 한다는 사실을 나는 충분히 이해할 수 있다. 하지만 문제를 외면하고 책장에 처박아버린다면 문제와 씨름하기는커녕 당연히 해결할 수도 없다. 당신은 문제를 조금도 진척시키지 못한다. 그러니 결심하고 일에 착수하라. 당신의 두려움을 직시하라. 흰종이를 책상으로 가져와 이 책 옆에 놓아라.

- 종이를 관찰하라. 무엇이 느껴지는가? 당신의 상태는 어떠한가?

- 실제 과제를 생각하라. 느낌이 바뀌는가?

- 몸을 뒤로 기대라. 긴장을 풀어라.

- 그럼에도 불구하고 두려움이 스멀스멀 올라오는가? 두려움이 당신의 가슴을 감싸고 옥죄는가? 공포를 느끼는가? 숨이 약간 가빠지는가? 맥박이 빠르게 뛰는가? 심장이 두근대는가?

- 혹은 공포를 느낄 정도는 아니지만, 어디에서 어떻게 시작해야 할지 모르겠는가? 과제가 엄청나게 커 보여서 작은 바늘귀를 통과해야 하는 코끼리가 떠오를 지경인가?

- 모든 것을 차분히 받아들이고 감정과 상황을 피하려 하지 마라. 그것들을 직시하라. 있는 그대로 느끼고 두려움을 직접 마주하라.

- 문제가 있다는 것을 의식하고 자신에게 다음과 같이 말하라. '좋아, 상황이 그렇단 말이지. 문제를 확인했으니 제거해야겠군'

- 이 감정을 탐구하라. 감정은 어디에서 오는가? 왜 생기는가? 실패에 대한 두려움 때문에 위축되는가? 시간 압박 때문에 숨이 막

히는가? 과제가 너무 커서 하나도 이해가 가지 않는가?

- 태연함을 유지하고 내면의 소리에 귀를 기울여라.
- 두려움이 목소리를 갖고 있다면, 말할 수 있다면 그것은 당신에게 뭐라고 말할까? 그 말이 무엇일 수 있을지 곰곰이 생각해보라. 눈을 감고 내면의 소리에 귀를 기울여라.

저녁이나 잠들기 전 같이 당신이 스트레스와 시간 압박을 받지 않을 때에 이를 연습해보라. 하지만 잠재의식 속에 이미 다음 회의나 다음 과제가 들어있는 사람은 차분히 모든 것에 대해 숙고하기 어려울 것이다.

관점을 바꿔 생각하라

'고르디우스의 매듭'이라는 말이 어디에서 유래했는지 아는가? 기원전 334년 겨울, 알렉산더 대왕은 프리기아로 출정을 나갔다. 전설에 따르면 고르디우스의 매듭을 풀 수 있는 자가 아시아를 정복하게 되리라는 신탁의 예언이 있었다. 이 매듭은 프리기아의 왕인 고르디우스의 전차 손잡이와 멍에 사이에 묶여 있었다. 영리하고 힘센 사내들이 매듭으로 연결된 끈을 풀려고 시도했지만 누구도 성공하지 못했다. 그리스의 철학자 플루타르크스와 로마의 역사가 퀸투스 쿠르티우스 루푸스가 기록한 바에 따르면 기원전 333년 봄, 페르시아를 향해 군대를 이끌고 가던 알렉산더 대왕 또한 이 과제에 직면했다. 다른 사내들이 그랬던 것처럼 손으로 매듭을 풀려고 애쓰던 알렉산더 대왕은 일순 행동을 멈췄다. 그리고 그는 즉석에서 검을 뽑아 매듭을 간단히 베어버렸다고 전해진다.

> 어떤 과제가 해결이 거의 불가능해 보일 때
> 그것을 사실로 믿는 사람은
> 결국 정신적으로 궁지에 몰린다.

위의 이야기에서 알 수 있듯이 두려움을 없애고 머릿속 매듭을 풀기 위한 방법은 한 가지만 있는 것이 아니다. 이런 경우에 우리의 검은 통찰과 확신, 지식이다. 이제 우리는 일을 끝까지 생각하고, 극복할 수 있다는 확신을 가지면 두려움에 어떤 일이 생기는지 알아볼 것이다. 과연 이번에도 저 옛날 알렉산더 대왕이 그랬던 것처럼 다른 관점으로 해결책을 찾아낼 수 있을까?

나는 무엇을 두려워하는가

두려움을 가진 사람은 다음과 같이 자문해볼 수 있다. 대체 나는 무엇을 두려워하는가? 맞다, 우선 그것은 실패에 대한 두려움이다. 기대에 부응하지 못하는 두려움이다. 타인의 기대든 자기 자신의 기대든. 하지만 그 이면에는 깊이 자리한 본질적 두려움이 자리잡고 있다. 실패하면 나는 직장이나 고객을 잃게 될 것이다. 그럼 나 자신과 내 가족을 어떻게 부양해야 하나? 미래를 어떻게 감당해야 할까? 따라서 그 문제는 내 존재 전체를 위협한다. 간단히 말해, 내 삶을 위협한다. 내가 꾸려나가는 삶이 위험에 처한다. 이런 사고 과정은 의식적이 아니라 무의식적으로 흘러간다. 당사자가 두려워서 완전히 경직될 정도로 극적이다. 두려움은 사람을 마비시킨다. 그것은 논리적 반응이다. 마비된 사람은 어떤 실수도 저지를 수 없기 때문이다. 우리는 창피당하고 불행에 빠지느니 차라리 아무것도 하지 않는 게 낫다고 생각한다. 하지만 충격을 받아 마비된 상태는 우리에게 아무런 도움이 되지 않는다.

흥미로운 사실은 우리가 문제를 논리적으로 생각하지 않는다는 것이다. 무의식적 고찰은 번개처럼 빠르게 흘러 순식간에 인생의 끝에 이른다. 직장이나 공부, 고객, 삶이 떠나가 버린다. 그것으로 끝이자 죽음이다. 이제 이 비논리적 생각과 의도적 사고 과정을 서로 비교해보라.

당신이 계획대로 과제를 다루기 시작해서 실제로 턱없이 빈약한 해결책을 내놓았다고 가정하자. 상황을 구체적으로 만들어보겠다.

- 이를테면 당신은 유명 잡지에 실을 재치 있고 감동적인 수필을 써야 하는 기자다.
- 온갖 두려움이 정말로 실현된다고 계속 상상하라. 당신은 실패할 것이라고 그리고 실제로 그렇게 된다고.
- 당신이 편집장에게 아주 형편없는 글을 제출했다고 가정하자.
- 무슨 일이 일어날까? 아마 편집장은 글을 거절하며 글이 형편없다고 말할 것이다.
- 상황이 잘못 흘러가면 당신은 심한 비난을 들을 것이다.
- 상황이 아주 잘못 흘러가면 당신은 호통을 들을 지도 모른다.

- 경고를 받고 일자리를 잃을까봐 걱정해야 한다면 그것은 치명적인 상황이다. 단단히 잘못되었다. 하지만 절망할 이유는 없다.

그렇다고 인생이 끝나지 않는다

심호흡을 한 번 크게 하라! 이제 자신에게 물어보라. 당신은 다쳤는가? 마음을 다쳤을지는 모르지만 몸은 멀쩡하다. 입원해야 하는가? 피를 흘렸는가? 통증이 있는가? 추격당하고 구타당하고 심하게 학대당했는가? 삶에 대한 두려움을 견뎌야만 하는가? 아니, 당신은 그 모든 것을 면한 상태다. 편집장이 당신의 글을 형편없다고 여기며 거절한다면 그것은 당연히 매우 불쾌한 일이다. 몹시 안타깝다. 하지만 비극적이지는 않다. 당신이 미치광이가 쏜 총에 맞아 피를 흘리며 지독한 고통 속에 의사를 찾지 못한다면 그런 상황은 비극적일 것이다. 당신이 독재를 피해 달아나는 중에 약탈을 당하고 두들겨 맞았다면 그 상황 역시 비극적일 것이다. 하지만 그런 상황은(다행히) 우리와 거리가 멀다.

나는 당신이 실제 처한 상황보다 높은 수준의 두려움을 갖고 있다는 사실을 분명하게 보여주고 싶다. 당신은 이 세상에서 제법 잘 지내고 있다. 그렇지 않다면 당신은 이 책을 읽을 수 없었을 것이다. 어쨌든 전 세계의 성인 7억 8,000만 명은 2019년에 이 책을 읽을 수 없었다. 문맹이기 때문이다. 두려움이란 시끄럽고, 날카롭고, 극적이므로 당신의 두려움을 올바로 정돈하고 두려움에 대해 신경을 곤두세우지 않으려고 노력하라.

최악의 경우를 고려하라

우리의 사고 과정을 이어가보겠다. 당신의 상황이 극적으로 나쁘게 흘러간다고 가정하자. 상상할 수 있는 선에서 최대한 나쁘게.

- 편집장이 자제력을 잃는다고 치자. 편집장은 욕하며 서류철을 집어던지고 고용 계약 해지를 제기한다.
- 당신은 계약 해지 서류에 서명한 뒤 감시를 받으며 사무실로 돌아가 정확히 5분 만에 개인 물건을 포장용 상자에 넣어야 한다. 더는 컴퓨터 앞에 앉으면 안 된다.
- 당신은 건물을 떠나 회사에서 나왔다. 해고당한 것이다.

> 많은 일이 세상의 끝처럼 느껴질지 모른다.
> 하지만 그것들은 세상의 끝이 아니다.
> 놀랍게도 삶은 계속된다.

아이고, 정말 가혹하다. 하지만 상황을 검토해보자. 당신은 다쳤는가? 피를 흘렸는가? 아픈가? 아니, 당신은 살아있다. 신체적으로 모든 것이 정상이다. 물론, 그런 식의 퇴직은 충격적이다. 그렇다고 그것이 세상의 끝은 아니다. 당신은 늘 무의식적으로 그 상황을 일종의 죽음으로 여겨왔을 것이다. 그건 말도 안 되는 생각이다. 방금 직장을 잃었지만, 당신은 그것에 개의치 않는다는 것이 사실이다. 괜찮다. 문 하나가 닫히면 그 대신 다른 문이 열리는 법이다. 다음과 같은 상황이 이어질지도 모른다.

- 당신은 집으로 간다.
- 가족에게 무슨 일이 있었는지 설명한다.
- 절망에 빠진 채 잠자리에 들어 이것저것 생각한다.
- 다음날 아침이 되자 벌써 세상이 다르게 보인다.
- 새롭게 용기를 낸다. 편집장은 얼간이였다. 성질이 급한데다 어리석어서 아무것도 모른다. 그런 무능력한 속물은 당신의 동료가 될 자격이 없다.
- 당신은 마침내 상황이 끝난 것에 감사한다. 편집장과의 불편한 상황을 다시는 견뎌야 할 필요가 없다! 그것이야말로 멋진 일이고 기뻐해야 하는 이유다.
- 당신은 일자리를 찾아 나선다. 지원서 40통을 보낸다.
- 39군데는 잘 안 됐지만, 한 곳은 성공했다.
- 새 편집장은 굉장히 좋다. 그는 당신을 이해해준다. 당신의 일을 존중할 줄 안다.
- 좀 더 일찍 해고당하지 않은 것 혹은 좀 더 일찍 퇴사하지 않은 것이 아쉬울 따름이다.
- 모든 게 좋다. 이전보다 훨씬 나아졌다.

확실히 이야기가 긍정적으로 묘사되었다. 하지만 그러면 안 될 이유라도 있는가? 이상적인 상황을 생각해낸다는 것은 이론상 사표를 제출할 시기가 그만큼 임박했다는 것을 뜻한다. '해고당하면 내 인생은 끝장이야'라는 느낌과 다른 느낌을 견주어보는 것이 중요하다. 이를테면 다음과 같은 느낌들과 견주어보라. 내가 해고당할 수는 있겠지만, 오히려 상황이 더 좋아질지 모르므로 내게는 그것이 아무 부담도 되지 않는다. 나는 실패에 대해 두려움을 가질 필요가 없다. 나는 이 이상 더 할 수 없을 정도로 노력하고 최선을 다한다.

실패는 도전의 증거다

다시 한 번 요약해보자.

- 그렇다. 백지는 도전을 암시한다. 백지는 이렇게 말한다. "나는 하얗습니다. 나는 당신의 지혜로운 생각들로 채워지기를 기다립니다."
- 만약 종이에 좋은 내용을 아무것도 채워 넣을 수 없다면 당신은 좌절할 수 있다.
- 하지만 이 좌절이 비극적이지는 않다. 심지어 상사가 당신을 해고한다 해도 그것은 인생의 끝이 아니다. 몹시 유감스러운 일인 것은 확실하다. 하지만 당신은 상사와 결혼을 해서 매일 만나야 할 사이도 아니지 않은가. 어딘가 다른 곳에서 일하면 된다. 당신은 팔을 잃은 게 아니라 직장을 잃었을 뿐이다. 그러니 제발 정신을 차려라.
- 패배는(당신이 패배를 두려워하는 것은 당연하다) 당신이 다시 일어설 준비가 되지 않았을 때에나 결정적이고 심각한 것이다. 넘어졌다가

다시 일어선 사람은 결국 이전보다 더 강해진다. 전설적인 농구 선수 마이클 조던의 명언이 있다. "나는 인생에서 수없이 실패를 되풀이했다. 그것이 내가 성공한 이유다." 따라서 두려움을 겁내지 마라!

우리를 위한 경보 장치

원칙적으로 두려움은 좋은 것이다. 두려움은 우리를 위한 경보 장치이고 인간의 유전자에 단단히 고정되어 있다. 무언가가 우리를 위협하면 두려움은 우리에게 경고하고, 만일의 사태에 대비해 신중하게 행동하고 경솔하지 않도록 돕는다. 수많은 세월이 흐른 뒤인 오늘날에도 여전히 두려움은 우리의 생존에 중요한 요소다.

두려움이 부정적인 것이라면
아마 더는 존재하지 않을 것이다.

두려움은 사실 우리를 돕고 싶을 뿐이다. 생존과 관련해 인간은 두려움에 많은 신세를 진다. 따라서 그것이 우리의 일부라는 사실에 감사해야 하고 완전히 벗어나려 해서는 안 된다. 게다가 우리는 두려움에서 완전히 벗어나기 어렵다. 근본적으로 두려움은 우리의 유전인자 속에 박혀있기 때문이다.

경보 장치가 울리기 시작하면 당신은 그것을 떼어내어 쓰레기통에 버리지 않는다. 그냥 경보 장치를 끄는 것으로 충분하다. 이제 두려움도 그렇게 처리해보자. 이 경우에 두려움은 다음과 같이 말한다. "주목, 주목! 비상사태예요. 당신이 이 과제를 실패할 위험이 있어요!"

최악의 경우가 반드시 최악일까?

우리가 해고당하는 것을 상상했던 사고 과정은 이전보다 훨씬 더 좋아진 상황으로 끝났다. 원칙적으로 당신은 불쾌하고 다혈질인 상사에게서 벗어난 것을 기뻐해야 한다. 차분히 긍정적으로 생각하라. 그러지 않을 이유도 없지 않은가? 앞으로 더는 마음속으로 심연을 마주한 채 해고 통보까지만 생각하지 말고 그 너머의 것을 생각하라.

달리 말해, 당신은 자신에게 일어날지도 모르는 실패의 결과에 대해 너무 큰 두려움을 가질 이유가 없다. 그것 때문에 세상이 멸망하지는 않을 것이다. 실패가 우리에게 두려운 감정을 주는 것은 분명하다. 하지만 다리가 부러진 것도 아니지 않나. 따라서 두려움을 겁낼 합리적 이유는 전혀 없다.

두려움은 우리의 일부다

두려움을 존재의 일부로 받아들여라. 두려움과 화해하라. 인생에는 부침(浮沈)이 있게 마련이다. 날씨처럼 좋을 때도 있고 나쁠 때도 있다. 며칠 동안 날씨가 궂은 다음에는 또 다시 화창한 날이 이어지듯. 모든 것이 멋진 삶은 텔레비전에만 있지 현실에는 없다.

따라서 두려움은 일단 정상적인 것이다. 하지만 우리는 이 감정을 갖고 싶어 하지 않는다. 때로 두려움이 일을 방해하기 때문이다. 그럴 때는 두려움을 경보 장치처럼 꺼버려라. 겁에 질려 소위 파멸까지만 생각하지 말고 그 너머의 일도 생각해보자. 그러면 우리가 실제로 전혀 두려워할 필요가 없고 긴장을 풀어도 된다는 사실을 깨닫게 된다.

두려움과 정면으로 마주하라

두려움과 접촉할 때 제일 처음 생기는 충동은 대개 달아나려는 것이다. 사람들은 두려움이라는 감정을 피하고 싶어 하고 그 감정에서 벗어나려 한다. 하지만 그와 정반대로 행동하는 것이 현명하다. 두려움을 직시하는 것이 더 좋다. 조금 덜 진지하게 표현하자면, 두려움에 인사를 건네라. 다음 내용을 숙고해보라.

두려움은 위험을 알리는 경보 장치일 뿐이다. 당신은 방금 그 위험을 곰곰이 생각했다. 최악의 경우가 닥쳐도 세상은 멸망하지 않으며 당신은 육체적으로 무사하리라는 것을 깨달았다. 게다가 당신이 실제로 해고당하더라도 그 일을 계기로 상황이 더 좋아질 수있을지 모른다. 마지막에 당신은 아마 그런 일이 생긴 것을 기뻐하게 될 것이다. 따라서 최악의 경우가 당신에게 반드시 나쁜 것은 아니다.

> 당신은 두려움을 겁낼 필요가 없다.
> 두려움은 당신에게 위험을 알려주어
> 당신을 돕고자 하는 경보 장치와 같다.

두려움과 마주치면 두려움이 당신의 경보 장치라는 사실을 기억하라. 그것은 일어날지도 모르는 위험을 당신에게 알려주고 싶어 한다. 당신만의 조기 경보 체계이기도 하다. 부끄러워하지 말고 당신의 두려움에 직접 말을 걸어라. 두려움에 인사를 건네라. 두려움과 마주치면 피하지 마라. 그렇게 하는 편이 시간을 낭비하지 않고 곧바로 용기 있게 과제에 착수하는 데에 유리하다.

두려움을 대할 때 시간은 결정적 요인이다. 당신에게 시간이 더 많을수록 좋은 해결책을 찾아낼 확률이 더 높다. 따라서 프로젝트 작업을 미룬다면 당신은 손해를 자초하는 것이다. 기다려도 압박은 없어지지 않는다. 오히려 심해진다. 그러니 지금 과제에 몰두하라. 당신이 더 오랫동안 주저하거나 숨어 있을수록 상황은 더 어려워질 것이다. 과제 앞에 앉아라. 이 사실만으로도 벌써 의욕이 강해지고 동기가 더 많이 부여된다. 일종의 경보 장치인 두려움이 일어날지도 모를 패배에 대해 당신에게 경고한다면(극적으로 서두르며 심지어 '죽음'까지 언급한다면) 차분하게 다음과 같이 대답하라.

"친절하게 알려줘서 고마워요. 하지만 난 지금 이 과제에 부딪쳐볼래요. 어차피 문제를 해결해야 하니까요. 지금 과제에 몰두하지 않으면 시간이 부족해질 거고 그럼 난 훨씬 더 곤란한 상황에 처하게 돼요. 그러니 고맙지만, 난 지금 이 문제를 풀래요. 그것도 아주 성공적으로! 당신은 이제 그만해도 돼요."

'작은 시작'을 이용하라

어떤 과제는 우리가 어디에서 시작해야 할지 모를 정도로 아주 엄청나고 광범위해 보일 수 있다. 사람들은 과제에 압도당해 지나치게 긴장한다. 프로젝트가 거대한 소포인 듯 엄청나게 크면 사람들은 어디가 위이고 아래인지 헷갈린다. 프로젝트를 어디에서 시작해야 하는지도 보지 못한다. 프로젝트는 너무 미끄러워서 자꾸만 손에서 빠져나가는 공 같아 보인다.

이 경우 시작할 수 없는 것은 부족한 준비 탓이 아니다. 그와 정반대다! 사람들은 그 주제에 관해 책을 한 권 쓸 수 있을 정도로 머릿속에 아주 많은 지식을 갖고 있다. 시작점만 찾는다면! 그것이 중대한 문제다. 시작은 일반적으로 가장 어려운 부분이고 쉽게 찾아지지 않는다.

이런 경우에는 우선 과제를 꼼꼼히 따져볼 것을 추천한다. 과제에 조금씩 접근하라. 예를 들어 다음 사항들을 자문해보라.

- 어떤 주제를 다루는가?

- 프로젝트의 목표는 무엇인가?
- 표적 집단은 누구인가?
- 위탁자는 누구인가?
- 의도가 무엇인가?
- 어떤 색조를 원하는가?

이 문제들이 분명해지면 과제를 한 문장으로 요약해보라. 문장을 적어라. 그러면 당신은 이미 시작해서 첫 걸음을 내딛은 것이다. 시작이라는 주제에서 가장 중요한 원칙을 기억하라. 요점은 당신이 시작하는 것이다. 방법은 아무래도 상관없다. 전혀 시작하지 않는 것보다는 시원찮게라도 시작하는 것이 낫다. 당신은 나중에 점점 더 좋아질 수 있다. 일단 본궤도에 오르는 것이 더 중요하다.

프로젝트나 과제가 당신에게 여전히 너무 커 보이면 그것을 부분 프로젝트 내지 부분 과제로 작게 나누어라. 그리고 그 부분들이 어떻게 연결되는지 그림을 그려라.

생각은 자유다.
하지만 선택은 당신의 몫이다.

성공에 대한 기대가 만든 두려움

두려움의 이면에는 성공을 기대하는 감정이 있다. 두려워하기보다(해고 통보 후에 더 좋아진 근무 환경처럼) 긍정적인 시점에 이르기까지 좀 더 생각하는 것이 훨씬 좋다. 따라서 불안한 생각에 골몰하지 말고 성공을 고대하라. 미래에는 종이가 비어있지 않으며 당신이 훌륭한 해결책을 얻어내리라는 것을 전제로 행동하라. 그렇게 되기를 고대하라. 틀림없이 쉽지 않을 것이다. 하지만 이 책에 실린 여러 사항을 명심하면 성공할 가능성은 매우 높다. 부정적인 생각을 가질 것인지 긍정적인 생각을 가질 것인지는 당신의 선택에 달려 있다.

8장

'목표 달성'을
위한
10단계 전략

작은 시작을 위한 원칙

작은 일도 시작해야
위대한 일도 생긴다.

-마크 저커버그

시작과 목표 달성을 위한 전략

아마 당신도 나와 비슷할지 모르겠다. 나는 책을 다 읽고 시간이 지나면 많은 부분을 잊어버린다. 몇몇 부분에 대한 기억은 여전히 남아있고, 어떤 부분에 대한 기억은 천천히 희미해져가고, 또 어떤 부분에 대한 기억은 이미 사라져 있다. 나는 당신이 책을 처음부터 다시 읽을 필요가 없도록 이 장을 삽입해서 여기에 당신을 위한 실용적 지침들을 단계별로 요약해두었다.

이 책에서 주로 다룬 상황을 이용해 모의실험을 해보자. 당신은 과제를 갖고 있고 그것을 해결해야 한다. 자, 시작하라! 다음 열 단계를 이용해 목표를 달성하라.

• 1단계: 지금 당장 시작해야 하는 이유를 찾아라

- 2단계: 이상과 태도를 만들어내라

- 3단계: 목표 설정 지도를 그려라

- 4단계: 실천 계획을 세워라

- 5단계: 산만함을 줄여라

- 6단계: 지금 당장 시작하라

- 7단계: 미루는 습관을 막아내라

- 8단계: 두려움과 마주하라

- 9단계: 프로젝트에 집중하라

- 10단계: 편안한 상태를 유지하라

1단계. 지금 당장 시작해야 하는 이유를 찾아라

꿈을 찾아 나서라. 그리고 미래상에 대해 곰곰이 생각하라. 미래상은 당신이 몹시 갈망하는 것이어야 한다. 그래야 당신이 자신을 극복하고 동기를 부여받을 수 있다. '그것을 해야만 한다'에서 '그것을 하고 싶다'로 관점을 바꾸는 것은 무엇인가?

야심차되 현실적인 목표를 세워라. 당신은 목표를 통해 도전을 받아야 하지만, 동시에 정말로 목표를 달성해낼 수 있다는 느낌도 가져야 한다.

목표를 자기 힘으로 달성할 수 있어야 한다는 점에 유의하라. 목표를 달성할 때 당신은 다른 사람이나 우연, 운명에 의존해서는 안 된다.

기한을 정하라. 언제까지 이 꿈을 실천하고 싶은지 결정해서 될 수 있는 대로 구체적이고 상세히 적어두라.

당신의 미래상에 생기를 불어넣어라. 꿈을 나타내는 장면이나 짧은 이야기를 생각해내라.

장면을 가능한 상세히 묘사하라. 모든 감각을 불러내라. 그 상황에서 무엇이 들리고, 느껴지고, 보이는가? 무슨 맛이 나고 어떤 냄새가 나는가? 지금 일어나고 있는 일인 듯 현재 시제로 써라. 세부 사항을 집어넣어 장면을 훨씬 더 현실적으로 만들어라. 낱말이나 스케치 등을 활용하거나 머릿속에서 장면을 영화처럼 구상하고 표현할 수 있다. 당신이 그 장면을 아주 생생하게 상상할 수 있을 때까지 오랫동안 노력하라.

미래상을 사진과 그림, 그밖에 다양한 것들로 꾸며라. 모든 것을 봉투나 폴더, 서류철에 모아라. 이 자료들은 미래상을 기억에 새길 수 있도록 돕는다.

당신의 미래상을 계속해서 떠올려라. 예를 들어 당신의 미래상을 컴퓨터, 태블릿PC, 스마트폰의 바탕화면으로 저장하라. 그것을 기억하기 위해 적어도 하루에 한 번 당신의 글과 그림을 바라보라.

가끔 미래상의 근거를 점검하라. 그것은 여전히 당신이 정말로 원하는 것인가? 혹은 그사이에 당신에게 훨씬 더 강한 동기를 부여하는 새로운 꿈이 생겼는가? 미래상은 변하지 않도록 돌에 새겨진 것이 아니다. 당신의 꿈이 변한다면 그것은 지극히 정상적인 현상이다. 따라서 한 가지 꿈만 고집하지 말고 필요하다면 융통성 있게 미래상을 바꿔라. 중요한 것은 시작하기 위한 동기를 부여받는 것이다.

2단계. 이상과 태도를 만들어내라

미래상을 정돈하라. 미래상은 훨씬 더 큰 이상으로 가기 위한 중간 지점이다. 크게 장기적으로 생각하라. 이상을 일종의 생활 양식처럼 여겨라. 당신의 큰 이상은 무엇인가?

기한을 만들어라. 언제까지 당신의 이상을 실천하고 싶은지 구체적으로 결정하라.

당신의 이상에 생기를 불어넣어라. 이상을 될 수 있는 대로 뚜렷이 묘사하라. 당신이 할 수 있는 모든 방법을 동원해 구체적으로 꾸며라. 모든 감각도 함께 포함하라. 이상을 명확히 상상할 수 있도록 그림, 스케치 같은 자료들을 이용하라.

자료들을 정돈하라. 마찬가지로 봉투나 폴더, 서류철을 사용하라.

당신의 이상을 떠올려라. 이상을 적어도 하루에 한 번 떠올릴 수 있는 방법을 찾아라.

미래상과 이상에서 태도를 이끌어내라. 미래상과 이상은 당신에게 무엇을 의미하는가? 목표를 달성하려면 당신은 어떤 사람이어야 하는가? 어떤 태도를 가져야 하는가?

미래상과 이상을 점검하라. 당신이 여전히 올바른 미래상과 이상을 추구하고 있는지 혹은 당신의 마음이 이미 다른 무언가에 쏠렸는지 여부를 주기적으로 확인하라.

3단계. 목표 설정 지도를 그려라

이상과 미래상을 목표 설정 지도에 기록하라. 당신의 목표를 간결하게 보여주는 상징과 스케치, 표어를 찾아라.

당신의 태도는 어때야 하는가? 목표를 달성할 수 있으려면 당신이 어떤 태도를 가져야 하는지도 기입하라.

이제 조치를 취하라. 목표를 달성하기 위해 어떤 조치를 취해야 하는지 추론하고 이 조치들을 간단히 기입하라. 세부 사항은 아직 계획하지 마라. 세부 사항은 실천 계획에 넣는 것이 더 좋다.

목표 설정 지도를 주기적으로 살펴보라. 적어도 하루에 한 번은 보면서 마음에 잘 새겨두라. 목표 설정 지도는 목표를 달성하기 위해 어떻게 반응하는 것이 최선인지, 당신이 정말로 원하는 것이 무엇인지 알려주는 나침반이다.

4단계. 실천 계획을 세워라

목표 달성 시기를 정하라. 프로젝트를 언제까지 끝내고 싶은지 결정하라. 일정표를 지키려면 하루에 얼마만큼 일해야 하는지 곰곰이 생각해보라.

구체적인 일정을 기입하라. 날짜와 작업 단위별 시각, 하루치 목표 작업량을 실천 계획에 상세히 기입하라.

'앞서 나가기' 수법을 이용하라. 첫날에는 어떤 것도 계획에 넣지 마라. 그리고 다음날 분량을 하루 앞당겨 끝마쳐라. 그러면 아무런 압박 없이 일을 시작할 수 있고 하루가 끝날 무렵에는 계획을 앞서 나갔다는 생각에 기분이 좋아진다.

앞서 나가는 간격을 벌려라. 할 수 있는 만큼 조금씩 계획을 앞서 나가라. 그러면 매일 더 많은 성과를 이룰 수 있도록 동기를 부여받을 수 있다.

게임화 요소를 이용하라. 이를테면 진행 중인 작업을 형광펜으로 칠해 활성화하고, 끝낸 작업은 줄을 그어 지운 뒤 완료 칸에 체크 표시를 할 수 있다. 작업이 중반을 넘어서면 중간 파티를 열어 축하하고 보상을 활용해 동기를 부여받아라.

앞서 나가기를 통해 생겨나는 추진력과 성취감을 이용하라. 성공이라는 파도의 정점에 있는 자신을 바라보라.

주기적으로 휴식을 취하라. 하루를 효율적으로 이용할 수 있다면 당신은 절대로 지치지 않을 것이다. 45분 동안 일한 뒤 5분간 짧은 휴식, 2시간 동안 일한 뒤 15분간 커피를 마시며 휴식, 4시간 동안 일한 뒤 60분간 중간 휴식을 취하라.

음악과 영화가 동기부여에 도움을 준다. 활기 넘치는 음악과 감동을 주는 영화를 통해 추가로 동기를 부여받아보라.

5단계. 산만함을 줄여라

미완성 과제와 기한을 생각하느라 산만해지지 마라. 당신의 무의식이 미완성 과제와 기한을 제멋대로 기억해내지 못하도록 그것들을 일정표로 옮겨라. 하지만 일정표에 적어만 놓고 주기적으로 점검하지 않으면 아무 소용없다. 미완성 과제들을 목록으로 작성한 뒤 그것들을 완료하라. 그러고 나면 더는 과제에 대해 생각할 필요가 없어진다.

이메일과 온라인 뉴스, 소셜미디어에 빠져있는가? 이 욕망을 완료한 과제에 대한 보상으로 활용하라.

기술의 도움을 받아라. 특정 온라인 사이트를 차단해서 주의를 딴 데로 돌리지 않게 도와주는 앱과 프로그램을 시험해보라. 예를 들어 프리덤, 오프라인, 생산성 올빼미, 라이터스 블록 등이 있다.

모든 생활 영역을 정리하라. 페이스북, 커피를 마시며 하는 잡담, 메일 확인, 전화통화, 인스타그램, 모바일 메신저 등 주의를 딴 데로 돌릴 만한 것이 하나도 없어야 한다. 당신을 산만하게 할 수 있는 것은 모두 정리하는 게 가장 좋다. 사무실부터 부엌, 창고, 휴대폰, 당신의 머릿속에 이르기까지.

불분명한 것을 즉시 없애라. 지시 사항이 정말로 명확한 경우에만 업무를 맡아라. 지시 사항이 명확하지 않다면 즉시 질문해서 불분명한 점을 없애라.

업무 장소에 당신이 일을 잘할 수 있을 만한 여건을 마련하라. 업무 장소가 너무 시끄럽다면 귀마개나 헤드폰, 음악이나 '릴랙스 멜로디스' 같은 앱을 이용해 조용한 업무분 위기를 만들어보라.

그런 여건을 마련할 수 없다면 장소를 옮겨라. 카페, 호텔 로비, 집, 공원 등으로 가라. 집중할 수 없는 환경에서 조용히 혼자 견디지 말고 스스로 문제를 해결하라.

프로젝트 시작 전 간단한 의식은 도움을 준다. 당신을 자동적으로 곧장 프로젝트에 착수하게 하는 적당한 의식을 마련하라. 일을 시작하기 전 커피를 마시거나, 사탕을 먹는다거나 기지개를 켜는 걸로 뇌에 신호를 줄 수 있다.

일에 대한 열정은 모든 종류의 산만함을 줄인다. 프로젝트에서 무언가 긍정적인 것을 얻어내려고 시도하라. 탐정처럼 업무의 모든 면을 관찰하라. 그리고 자신에게 물어보라. 여기에서 내게 유익한 것은 무엇인가? 나 자신을 위해 이 프로젝트를 어떻게 이용할 수 있나? 이상과 미래상을 기억하라. 해결책을 찾는 과정의 어려움을 생각하지 말고 멋진 결과를 생각하라.

다른 사람들이 아직 잠든 이른 아침 시간을 활용하라. 가능하면 전 날 저녁에 미리 실천 계획을 준비하라. 계획에 우선순위를 정한 뒤 그날의 가장 중요한 업무로 하루를 시작하라.

6단계. 지금 당장 시작하라

과제를 한 문장으로 요약하라. 그 문장을 종이에 적어라. 종이에 적는 행위를 함으로써 당신은 이미 시작한 것이나 마찬가지다.

계속 앉아 있어라. 당신의 바지를 순간접착제로 의자에 붙여놓았다고 상상하라. 당신은 자리를 뜰 수 없다. 계속 앉아 있어야 한다. 훌륭한 해결책을 찾아내거나 프로젝트에 진전이 있을 때까지.

다음 방법들을 잘 읽어보라. 당신이 가장 마음에 드는 것을 골라라. 모든 방법은 똑같이 당신을 과정에 몰두하도록 돕는다. 여기에서 중요한 문제는 천재적 해결책을 찾아내는 것이 아니다. '지금 당장 시작하는 것'만이 중요하다.

> 터무니없을 만큼 작게 시작하라. 우선 아무런 야심 없이 과제에 접근하라. 어떤 빈약한 해결책이 나올까? 시시한 해결책밖에 찾지 못할지라도 어쨌든 시작했다! 이제 결과물의 수준을 높이고 계속해서 조금씩 더 좋은 아이디어를 찾으려고 시도하라.

> 기업가처럼 생각하라. 당신이 다른 사람에게서 위임을 받아 업무를 처리하는 것이 아니라 스스로 이 업무의 위임자라고 상상하라. 본인이 기업가답게 위험을 감수하는 것처럼 행동

하라. 갑자기 전체 프로젝트가 완전히 다르게 느껴진다. 당신 자신의 명성과 돈이 이 프로젝트에 달려 있다면 업무 참여도 는 분명히 더 높아진다.

쉬운 것부터 시작하라. 해결책에 열중하기 어렵다면 무언가 다른 것에 집중해 시작하라. 배경을 상술하라. 예를 들어 표적 집단에 관심을 기울여보라. 표적 집단은 누구인가? 이 사람들은 무엇을 원하는가? 무엇을 생각하는가? 그들에게 중요한 것은 무엇인가? 이런 식으로 진행하다보면 언젠가 당신은 자신도 모르는 사이에 해결책과도 마주치게 된다.

다른 관점으로 해결책을 찾아라. 당신이 사장, 회사 창립자, 업무 교육 강사 등 다른 사람의 처지가 되어 어떻게 과제를 시작할지 자문해보라. 능력이 가장 뛰어난 경쟁자는 어떻게 과제에 접근할까? 당신이 속한 분야의 일인자는 어떤 해결책을 내놓을까? 분위기를 가볍게 바꾸어, 인턴에게는 무엇이 생각날까? 만약 당신이 아직 인턴이라면 당신에게 어떤 생각이 떠오르겠는가?

의식의 흐름대로 시작해보라. 업무를 요약해 놓은 한 문장을 출발점으로 삼아 그 문장에 대해 즉흥적으로 떠오르는 모든 것을 적어라. 자기 생각에 대해 비판하지 마라. 여기에서도 중요한 문제는 과정을 시작하는 것이다.

생각나는 대로 적어라. 말하지 말고 떠오르는 모든 것, 온전한 사고의 흐름을 적어라. 이런 식으로 하면 사고 과정이 더 잘 흘러가기 시작하고 흰 종이는 금세 사라진다. 자기 자신에게 질문하라. 관건은 영리한 생각만을 기록하는 것이 아니라 모든 생각의 흐름을 적는 것이다. 이 방법은 사고의 흐름을 활성화해서 당신이 스스로 해결책을 찾고 있다는 사실을 드러내주는 방법이다.

인위적으로 시간 압박을 만들어라. 일에 박차를 가하기 위해 당신은 인위적 시간 압박에 놓일 수 있다. 시간이 너무 많으면 게을러지게 마련이다. 따라서 프로젝트를 수행할 시간이 3개월이라면 당신은 자신에게 3주를 주어라. 그럼 벌써 언젠가가 아니라 지금 당장 시작할 이유가 생긴다.

주어진 시간은 단, 60분! 오늘은 당신의 날이 아닌가? 아무것도 되는 게 없는가? 그럼 자신과 조약을 맺어라. 60분 동안 전속력으로 일한 뒤 오늘은 그 정도에서 끝내기로. 어쩌면 60분 동안 일에 재미가 붙어 다시 계속 일하고 싶어질지 누가 알겠는가.

한 걸음만 더! 당신의 목표를 작은 목표들로 나눠라. 첫 번째 작은 목표를 달성하고 난 뒤 다음 작은 목표까지만 더 하자고 말하라. 이 방법을 계속 이어가라.

<u>작업 시간을 제한하라.</u> 같은 길이의 두 시간대를 정하라. 두 시간대 사이에는 적어도 20분의 간격이 있어야 한다. 당신은 이 시간대에만 일할 수 있고 그 외에는 일할 수 없다. 예를 들어 업무에 따라 각 시간대 별로 두 시간으로 시작하라. 당신은 전날 작업 효율에 따라 다음 날 시간대의 작업 시간을 설정할 수 있다. 효율 값은 다음과 같이 산출된다.

실제 작업 시간 x 100 ÷ 계획된 작업 시간

효율이 51퍼센트에서 75퍼센트 사이인 경우에는 작업 시간을 25퍼센트 늘릴 수 있다. 효율이 76퍼센트 이상인 경우에는 작업 시간을 50퍼센트 늘릴 수 있다. 따라서 작업 시간을 늘리고 싶은지 아닌지는 당신이 스스로 결정할 문제다.

<u>남은 배터리만큼만 일하라.</u> 노트북의 플러그를 뽑은 다음 당신의 프로젝트를 처리하기 위해 사용할 수 있는 배터리 에너지가 그것뿐이라고 상상하라. 재충전은 불가능하다. 이런 경우에 당신은 당장 시작해서 서둘러 일할 수밖에 없다.

<u>탈출구를 차단하라.</u> 당신의 계획을 가능한 상세하고 구속력 있게 대중 앞에 밝혀라. 빠져나갈 뒷문을 열어두지 않도록 주의하라. 당신이 절대로 이행하고 싶지 않은 것을 걸고 누군가와 내기한다면 효과는 훨씬 더 강력해질 것이다. 예를 들어 '5월 15일에 개최되는 시내 마라톤에 참가하지 않으면 나는 2주 동안 머리를 온통 초록색으로 염색한다'는 식으로.

<u>목표를 공유하라</u>. 당신의 목표를 될 수 있는 대로 구체적으로 정하라. 당신은 무엇을 어떻게 어디에서 언제까지 달성하고자 하는가? 그리고 목표를 공유할 동지를 구하라. 서로 의지하고, 함께 나아가고, 동기를 부여받을 모임을 만들어보라.

<u>경쟁심을 유발하라</u>. 실력이 대등해서 더 잘하려면 당신이 정말로 노력해야만 하는 상대가 누구일지 곰곰이 생각해보라. 그 사람에게 해결책을 찾는 일에 참여해달라고 요청하라. 여러 명에게 요청해도 되지만, 너무 많아서는 안 된다. 최대 4명이 적당하다. 전속력으로 일하라! 당신이 최고의 해결책을 얻어냈다면 진심으로 축하한다! 다른 사람이 더 좋은 해결책을 얻어냈다면 마찬가지로 진심으로 축하한다! 훌륭한 결과가 나왔으니 잘됐다. 정정당당한 태도를 취하고 그 해결책이 당신의 아이디어로 받아들여지지 않도록 신경 써라.

<u>나만의 개인 코치를 만들어라</u>. 구글에서 코치, 조언자, 박사, 교수, 전문가 같은 단어를 검색한 뒤 사진을 고르기 위해 '이미지'를 클릭하라. 사람들을 차분히 하나하나 살펴보라. 누구에게 즉시 호감이 가는가? 누가 유능해 보이는가? 당신의 개인 조언자를 정하라. 사진을 관찰하면서 이제 당신의 조언자를 인물로 만들어라. 이름이 무엇인가? 어떤 전문적 배경을 가졌는가? 어떤 특성과 결함이 있는가? 이력서는 어떻게 보이는가? 이제 그 전문가에게 당신의 문제와 상황을 설명하

라. 사진을 관찰하면서 그가 무슨 말을 할지 곰곰이 생각하라. 당신이 생각보다 더 똑똑하다는 것과 이 방법이 효과가 있다는 것을 믿어라.

자기 자신을 관찰하라. 수첩에 당신의 경험을 기록하라. 프로젝트를 시작하고 진행할 때 무엇을 경험하고 느꼈는지 되새겨보라.

당신의 실천 계획을 평가하라. 각 작업 단위를 마칠 때마다 당신이 의도한 것 중 무엇을 실천했는지 적어라. 어떻게 진행되었는지 되새겨보라. 무엇이 좋았는가? 무엇이 어려웠는가?

7단계. 미루는 습관을 막아내라

당신이 지금 당장 시작하지 못할 상황을 만드는 것이 미루는 습관의 목표라는 점을 의식하라. 그것은 당신이 프로젝트를 나중으로 미루기만 한다면 무엇이든 약속한다. 그게 바로 미루는 습관의 원칙이다. 미루는 습관의 방해공작을 알아차리고 폭로하는 것이 그것을 막아내기 위한 첫걸음이다. 다음 전략들을 이용하여 당신의 계획을 지켜라.

절충안에 속지 말기 전략 선택은 언제나 당신의 몫이다. 당신은 미루는 습관을 따르거나 프로젝트를 실행할 수 있다. 두 가지 가능한 결정을 잘 생각해본 후 둘 중 어느 쪽을 생각할 때 기분이 더 좋은지 자문하라. 여유를 갖고 숙고할 수 있도록 유혹에 곧바로 넘어가지 않기 위한 의식을 만들어라. 예를 들어 에스프레소나, 커피, 단 음식을 먹을 수 있다. 당신이 몹시 원하는 다른 무언가를 끼워 넣으면 미루는 습관의 말에 곧바로 따르지 않는 것이 한결 수월해진다. 시간을 벌어라.

동의하는 척하기 전략 미루는 습관이 전적으로 옳다고 인정하면서 맞장구쳐라. 그러면 그것이 입을 다물고 조용해진 사이에 당신은 책상에 앉아 곧바로 프로젝트를 시작한다. 이는 즉석에서 미루는 습관에게 가하는 최후의 일격이라 할 수 있다. 실행하기는 쉽지 않지만 매우 효과적이다.

<u>작은 목표 달성하기 전략</u> 프로젝트를 얼마든지 내일로 미뤄도 된다고 미루는 습관이 말을 걸고 싶어 하면 당신의 실천 계획을 들여다보고 정말로 그래도 되는지 아닌지 확인하라. 사람은 구슬릴 수 있어도 계획을 구슬릴 수는 없다.

<u>적의 계획 드러내기 전략</u> 미루는 습관에 동의하면서 동시에 그것의 계획을 드러내라. 미루는 습관이 남몰래 꾀하는 것이 무엇인지 터놓고 말하라. 그러고 나면 기분이 홀가분해지는 효과가 있다.

<u>'미루는 습관 미루기' 전략</u> 이 전략에서 당신은 미루는 습관의 주장에 동의해서 그것을 침묵하게 만든다. 하지만 실제로 당신이 추구하는 목표는 '저기까지만 더' 방법을 계속 밀고나가는 것이다. 당신은 미루는 습관을 계속해서 새로 기다리게 한다. "곧 당신의 소원에 따를게요. 당신이 원하는 대로 할 거예요. 다만 그전에 프로젝트에 대해 이것만 더 할게요. 아, 이것도요. 네, 정말로 곧 한다니까요."

<u>'할 수는 있지만, 지금은 싫어요' 전략</u> 무언가를 시종일관 기피하는 것은 현명한 전략이 아닐 때가 많다. 그럴수록 그것을 더욱더 갈망하게 되기 때문이다. 미루는 습관이 제안하는 것을 언제든지 할 수는 있지만, 지금 당장은 하고 싶지 않다고 말하는 편이 차라리 낫다. 아무것도 거부하지 마라. 할 수는

있지만, 지금은 그러고 싶지 않다고만 말하라. 나중이라면 모를까 지금은 싫다고.

'반응하지 않기' 전략 이 행동은 단순하고 과격하다. 미루는 습관에게 "그 이야기는 하고 싶지 않아요."라고만 말하라. 미루는 습관이 무엇을 시도하든 상관없다. 당신의 태도를 유지하라. 그리고 미루는 습관의 주장에 동조하는 실수를 범하지 마라. 늘 똑같이 이렇게 대답하라. "그 이야기는 하고 싶지 않아요." 그것의 주장에 동의하는 순간, 틀림없이 상황은 당신에게 더 불리해진다.

목표 달성 성벽 지키기 전략 돌진해오는 무리에 맞서서 거대한 성벽을 방어하라는 명령이 곧 작업량이라고 간주하라. 계획을 100퍼센트 실행하는 것은 성벽을 모든 공격에서 방어해낼 수 있다는 것을 뜻한다. 하지만 5퍼센트를 덜 실행했다면 공격자들은 이미 성벽 위에 다다랐다는 걸 뜻한다. 이 모험 놀이에서 당신의 목표는 공격자를 전부 물리치는 것(게임화)이다.

시작을 위한 의식 만들기 전략 일에 곧바로 몰두하기 위한 의식을 만들어보라. 프로젝트에 완전히 집중한 상태에서는 미루는 습관이 산만함을 유도해도 당신은 이를 전혀 알아차리지 못한다.

'오늘이 내 인생의 마지막 날이라면' 전략 거울을 들여다보라. 세상에서 당신의 시간이 한정되어 있다는 사실을 인식하라. 그 시간으로 당신은 무엇을 시작하고 싶은지 자문하라. 오늘 당신은 자신에게 주어진 시간을 활용해서 무엇을 시작하고 싶은가? 자신에게 두 가지 가능성을 제시하라. 예를 들어 '텔레비전을 볼 것인가 언어를 공부할 것인가', '게임을 할 것인가 운동하러 갈 것인가', '친구와 통화할 것인가 열심히 프로젝트를 준비할 것인가'와 같이 선택지를 제시할 수 있다. 지금 당신의 시간을 어떻게 사용하고 싶은지 결정하라.

'앞으로 1년이 남았다면' 전략 당신이 1년밖에 더 살지 못한다면 어떤 태도를 취할지 자문해보라. 당신은 어떻게 바뀔까? 프로젝트를 시작하는 것이 여전히 어려울까? 아니면 하루하루가 얼마나 귀중한지 갑자기 깨닫게 될까?

적대적으로 대응하기 전략 거침없이 적대적 태도로 대답하라. 이제 체면을 잃지 않고서는 미루는 습관이 원하는 대로 따를 수 없을 만큼 미루는 습관의 발언을 감정적으로 단호히 공격하라.

청개구리 전략 당신이 본래 힘들고 어려워하는 일을 실제로는 당신이 큰 열정을 쏟는 일이라고 주장하여 미루는 습관을 혼란스럽게 하라.

<u>더 좋은 대안 제시하기 전략</u> 더는 자제할 수 없는가? 그렇다면 먹어라. 하지만 더 좋은 대안을 선택하라. 이를테면 케이크를 먹는 대신 건강에 좋은 셰이크를 마셔라.

'귀차니즘' 전략 당신의 게으름과 연합하여 미루는 습관에 대응하라. 미루는 습관이 활동을 요구하며 제안해올 때마다 당신은 이렇게 말하라. "아이고, 지금은 너무 피곤해요. 그냥 내버려둬요."

<u>미루는 습관과 타협하기 전략</u> 미루는 습관의 압박이 너무 커지면 항복하고 잠시 휴식을 취하라. 그리고 휴식을 보상으로 이용하라. 하지만 일일 계획을 달성할 수 있으려면 정해진 시각에 다시 계속해서 일해야 한다는 사실도 분명하게 밝혀라.

미루는 습관에 맞서기 위한 보조 수단을 준비하라. 미루는 습관이 자주 이용하는 유혹의 말에 당신은 어떻게 반응할 수 있을까?

목표 설정 지도와 실천 계획을 이용하라. 목표 설정 지도와 실천 계획을 신뢰하고 당신의 계획과 목표를 꾸준히 준수하라.

'1초 방패'를 마련하라. 취약한 순간에 미루는 습관의 공격에서 당신을 보호해줄 만한 생각을 한 가지 준비해두는 것이 '1초 방패'의 원칙이다. '1초'라는 표현으로 분명히 알 수 있듯이 생각은 빠르고 단순해야 한다. 미루는 습관이 매복해 있다가 공격하면 당신은 장광설을 늘어놓을 시간이 없다. 한 가지 생각을 떠올릴 시간 밖에 없다. 예를 들어 이 생각은 당신의 미래상이나 이상일 수도 있고 무언가 다른 것일 수도 있다.

당신의 성공 경험을 기록하라. 작은 책자에 당신이 이미 훌륭히 이루어낸 것들을 적어라. 취약한 순간에 이 목록이 당신에게 동기를 부여해 포기하지 않도록 도울 수 있다. 당신은 자신이 해낼 수 있다는 것을 안다. 확고한 의지를 갖고 계속 나아가라.

8단계. 두려움과 마주하라

두려움은 힘든 일 앞에서 달아나거나 불쾌한 일을 차단하고 싶어
지게 한다. 두려움은 우리를 마비시킨다. 하지만 아무것도 하지 않
으면서 꼼짝 않고 앉아 있는 것은 아무 도움도 되지 않는다. 따라
서 우리는 두려움을 직시해야 한다.

두려움은 누구에게나 있는 감정이라는 걸 인정하라. 이 감정은 인
간 본능의 일부이며 나약하거나 소심한 소수의 사람에게만 있는
것이 아니라는 사실을 인식하라.

일어날 수 있는 최악의 경우를 상상해보라. 그 상상보다 실제 당신
에게 닥친 일이 그렇게 나쁘지는 않으며 오히려 이전보다 더 좋은
상황이 생길 수 있다는 것을 의식하라.

**두려움은 당신에게 무언가를 알려주고 싶어 하는 일종의 경보 장치
일 뿐이라는 사실을 의식하라.** 두려움에 인사를 건넨 뒤 이 경보 장
치를 꺼라. "친절하게 알려줘서 고마워요. 하지만 난 지금 이 과제
에 부딪쳐볼래요. 어차피 문제를 해결해야 하니까요. 지금 과제에
몰두하지 않으면 난 훨씬 더 곤란한 상황에 처하게 돼요. 그러니
고맙지만, 난 지금 이 문제를 풀래요. 그것도 아주 성공적으로! 당
신은 이제 그만해도 돼요."

시작점을 찾아라. 어디서부터 시작해야 할지 모를 만큼 과제가 크고 광범위하게 느껴진다면 과제를 한 문장으로 요약해보라. 과제가 너무 커 보이면 과제를 부분 프로젝트로 나누어라.

두려움의 이면에 대해 생각하라. 프로젝트에서 당신에게 유익하고 긍정적인 결과가 생길 수 있다. 긍정적 이상으로 두려움에 맞서라.

9단계. 프로젝트에 집중하라

산만함을 없앴는지 확인하라. 당신의 과제에 주의를 돌려라.

정신이 주의력을 제어한다. 당신의 정신을 조종하는 사람은 당신 자신이다. 생각이 다른 주제로 벗어난 것을 알아차리면 부드럽게 유도해 과제로 주의를 되돌려라.

계속 앉아 있어라. 좋은 해결책을 찾아낼 때까지.

10단계. 편안한 상태를 유지하라

당신이 원하는 대로 일이 흘러가지 않을 때. 그럴 때는 화를 내거나 속상해해도 소용없다. 겁내지 마라. 침착하고 조용한 태도를 유지한 채 긴장을 풀어라. 자신에게 너그러워라. 자신을 비난하지 마라. 당신은 로봇이 아니다. 게다가 완벽한 사람은 아무도 없다.

글이 막혀 써지지 않는 경우. 겁내지 마라. 무엇을 해야 하는지 5장 끝부분을 읽어보라.

아무것도 되는 일이 없을 때. 공원, 영화관, 카페, 책방, 집 등으로 장소를 바꿔라. 압박 받는 상태에서는 해결할 수 있는 일이 거의 없다. 당신의 머리가 무언가 다른 일에 몰두할 수 있고 다른 것을 생각할 수 있게 기회를 만들어라. 기분을 전환하라. 머리를 다시 비우면 새로운 시도를 시작할 수 있다.

지금 온 힘을 다해 노력해야 한다는 절대적 의지를 버려라. 문제를 통제하고 싶어서 그렇게 시도해보려는 것은 이해가 간다. 하지만 그와 정반대로 통제력을 상실한 상태가 되어보라. 강처럼 되려고 시도하라. 강은 그냥 흐른다. 애쓰지도 않고 굳센 의지를 따르지도 않고 그냥 그대로 흘러간다. 무조건 노력을 쏟지 말고 그냥 일어나게 내버려두라. 긴장을 푼 채 과제에 집중하라. 그리고 시작하라.

9장

'끝까지'
해내는
힘

작게 시작해
끝까지 해내는 습관

시작하는 재주는 위대하지만,
끝까지 해내는 재주는
더욱 위대하다.

-헨리 워즈워스 롱펠로

끝까지 해내는 것이 핵심이다

프로젝트 작업은 늘 새로운 시작들로 이루어진다. 당신은 날마다 계속해서 시작해야 한다. 아침에 일어나 그날 해야 할 프로젝트를 시작한다. 첫 단계를 끝내고 나면 휴식시간을 갖고 다시 새롭게 시작한다. 날이 바뀌면 또 다시 새로 시작해야 한다. 반복적으로 새로운 시작에 대처하는 일은 매우 어려운 일이다. 따라서 계획을 지키기 위한 기술의 본질은 새롭게 동기를 부여받아 다시 시작하는 것에 있다.

매번 다시 시작하는 것에는 긍정적인 측면도 있다. 기운을 회복하기 위해, 지금까지 해온 작업에서 한 걸음 물러나 이전 단계가 전반적으로 올바르게 되었는지 검증하기 위해 우리는 휴식을 필요로 한다. 우선 하룻밤 자며 생각해봐야 한다는 데는 충분한 이유가

있다. 거리를 두고 보면 지금까지 해낸 것에 대한 관점이 향상되기
때문이다.

계획을 끝마쳐라

언제나 첫걸음을 떼는 일이 제일 어렵다. 이미 가장 어려운 일을
해냈다면 이제는 계획을 지키는 것이 필요하다! 우리는 계획을 지
키는 데 도움이 되는 보조 수단들을 이미 알고 있다.

1. 우선 당신이 만들어낸 미래상과 이상이 있다. 그것들을 간과할 수
   없도록 일상에 끼워 넣어라. 예를 들어 컴퓨터의 바탕화면이나 비
   밀번호로 설정할 수 있다.
2. 실천 계획을 게임화와 결합해 동기부여 도구로 이용하라. 본래 일
   정에 따라 해야 하는 양보다 지금 벌써 더 많은 양을 해냈다는 느
   낌을 즐겨라. 이 멋진 감정의 파도 위에서 파도타기를 하라. 그리
   고 앞서 나가는 간격을 더 벌리기 위해 온힘을 쏟아라. 과제를 성
   공적으로 끝냈을 뿐 아니라 본래 일정보다 먼저 끝내기도 했다는
   것은 기분 좋은 일이다.
3. 즐거움이 필요하다. 목표 달성을 기뻐하는 것뿐만 아니라 목표에
   이르는 과정도 즐기는 것이 제일 좋다. 늘 애써야 해서 과정을 즐
   기지 못하는 사람은 언젠가 지쳐서 포기하게 될지도 모른다. 따라
   서 목표에 이르는 과정을 될 수 있는 대로 아주 재미있게 설계하
   는 것이 중요하다. 하지만 노력 없이 되는 일은 없다는 사실도 분
   명히 알아두라. 항상 재미있기만 한 프로젝트는 없다. 그러니 일

이 어렵고 재미없어도 실망하지 마라. 그것도 과정의 일부다.

4. 실천 계획에 뒤처지지 말고, 지금까지의 성과에 기대어 쉬기 시작하지 마라. 능동적으로 일하라. 계획을 지켜라. 이 과정에서 가장 흔한 실수는 '이제 충분히 했으니 멈춰도 된다'라고 생각하는 것이다. 휴식을 취하는 것은 좋지만, 정말로 일을 멈춰버리면 프로젝트를 끝내지 못할 가능성이 크다. 다시 과정을 진행하는 것은 아주 힘든 일이다. 새로이 동기를 부여받아야 하고, 일에 익숙해져야 하고, 지금까지 한 작업을 다시 정리해야 한다. 당신이 아무리 일을 즐겁게 했어도 세부 기억은 그리 오래 지속되지 않기 때문이다. 따라서 완전히 일을 멈추는 것보다 조금씩이라도 일을 계속하는 것이 더 쉽다. 실천 계획은 바꿀 수 없도록 돌에 새겨진 것이 아니다. 당신은 유연하게 시간표를 조정할 수 있다. 일이 꽤 어려울 것처럼 느껴지면 다음에 계획된 단계도 줄일 수 있다. 정안 되겠다 싶으면 하루에 60분만 일하라. 하지만 절대로 멈춰 있지는 마라.

5. 일상에서 자신을 보호하라. 변화를 마련하라. 대체 누가 항상 책상에서만 일해야 한다고 말하는가? 회의실로도 피할 수 없는가? 혹은 카페에 들어가 앉는 것은 어떤가? 창의적인 사람들은 대부분 반드시 사무실에서 제일 좋은 생각이 떠오르는 것은 아니라고 생각한다. 그러니 지루함이 생기게 두지 말고 계속해서 무언가 변화를 주어라.

6. 기분을 전환하라. 몇 시간 동안 일에 집중한 사람은 자동적으로 열정이 떨어진다. 이를 닦거나 세수하라. 커피나 차를 마셔라. 간

단히 말해, 휴식을 취한 후 다시 상쾌하게 일을 시작할 수 있도록 무언가를 하라.

7. 업무를 끝낼 때, 다음 날 업무를 가능한 쉽게 시작할 수 있게 만들어 놓아라. 일부분을 미리 작업해 최대한 쉽게 다시 일을 시작할 수 있도록 앞길을 터두어라. 하루 업무를 끝내자마자 그냥 일을 제쳐놓지 마라. 앞서 생각하라! 다음과 같이 자문하라. 내일 빠르고 쉽게 일을 시작할 수 있으려면 오늘 무엇을 더 할 수 있을까? 일을 다시 시작하는 과정이 더 쉬울수록 당신은 더 빨리 일에 몰두하게 된다.

'습관'이라는 보상

어떤 특정한 행동을 당신의 하루 일과에 통합하면 점차 그 행동은 습관이 된다. 그 행동에 익숙해지고 그것이 일상에 속하면 당신은 이제 의지력을 발휘할 필요가 없다. 새롭게 자신을 극복하고 마음을 굳게 먹을 필요도 없다. 거의 자동적으로 그 행동을 하게 되기 때문이다.

인간은 실제로 습관의 동물이다. 오랫동안 실행해온 일은 몸에 밴다. 결정적 질문은 이것이다. 새로운 습관을 만들려면 얼마나 오래 그 행동을 고수해야 하는가?

일반적으로 알려진 답변은 '21일'이다. 이 답변은 성형외과 의사인 맥스웰 몰츠Maxwell Maltz에게서 유래한다. 몰츠는 자신의 환자가 바뀐 외모에 익숙해지기까지 '적어도 3주'가 걸린다는 것을 깨달았다. 이것과 다른 연구 결과들을 모아 그는 1960년에 저서 《맥스웰 몰츠 성공의 법칙Psycho Cybernetics》을 출간했다. 시간이 지나면서 '적어도 3주'는 와전되어 '정확히 21일'이 되었다. 그렇게 해서 새로운 습관은 정확히 21일 후에 고정된다는 일반적 견해가 생겨났다. 하지만 유감스럽게도 사실은 그렇지 않다.

무언가를 더 자주 행할수록
당신은 그 행동에 더 많이 익숙해진다.

일반적 오류에 대한 설명은 이쯤 해두겠다. 진실은 더욱 복잡하기 때문이다. 2009년 7월 〈유럽 사회 심리학 저널European Journal of Social Psychology〉에 '습관은 어떻게 형성되는가: 현실 속 습관 형성 모델How are habits formed: Modelling habit formation in the real world' *이라는 제목을 가진 논문이 실렸다. 연구자들은 12주 동안 96명을 대상으로 실험을 실시했다. 실험 참가자는 각각 자신이 습관을 따랐는지 아닌지 매일 연구 팀에 보고했다. 당시 연구자들의 관심사는 행동이 습관이 돼 저절로 진행되기까지 얼마나 오랜 시간이 걸리는지 알아내는 것이었다. 연구 결과에 따르면 행동이 저절로 진행되기까지 평균 66일이 걸렸다. 하지만 그 결과에서 일반 규칙을 도출할 수는 없었다. 실험 참가자, 상황, 습관에 따라 기간이 달라진다는 것도 연구에서 증명되었기 때문이다. 즉, 18일 만에 벌써 습관을 완성한 참가자가 있는가 하면 254일 후에야 상황에 적응한 참가자도 있었다.

* *<How are habits formed: Modelling habit formation in the real world>*, https://onlinelibrary.wiley.com/doi/abs/10.1002/ejsp.674

그밖에 습관을 하루 동안 실천하지 않아도 부정적 영향은 없다는 연구 결과가 있었다. 하루를 건너뛰는 것은 전혀 문제되지 않는다. 하지만 이틀 동안 연달아 습관을 실행하지 않는 것은 좋지 않았다. 따라서 꾸준히 계획을 지키는 것이 상책이다.

반복하고, 반복하고, 반복하라

더 빨리 습관을 만들고 싶은 사람은 가능한 많은 반복을 이용해야 한다. 자세한 의미는 다음과 같다. 당신이 매일 조깅하는 습관을 들이고 싶다면 한 시간 동안 한 번 뛰지 말고 30분 동안 두 번 뛰는 것이 합리적이다. 이를테면 아침에 일어난 후 한 번, 점심시간이나 퇴근 후 저녁에 한 번. 우리 뇌는 반복을 통해 학습하기 때문이다. 우리가 자주 반복하는 행동은 강렬히 기억에 남아 더 빨리 습관이 된다.

새로운 행동을 더 빨리 습관으로 만들고 싶은가?
그것을 위한 주문은 다음과 같다.
반복하고, 반복하고, 반복하라.

계획을 달성하게 하는 공식

오랫동안 일에 매진하는 데 도움이 되는 것이 기폭제와 보상 체계다. 이와 관련해 사람들은 어떤 기폭제를 써야 원하는 행동을 하게 되는지 알고 있다. 아침에 일어나서 조깅을 시작하고 싶다면 일어나자마자 보이도록 침대 옆에 운동복을 놓아두라. 이런 식으로 잠자리에서 일어나는 것은 기폭제인 운동복을 통해 조깅과 연결된다. 즉, 자동적으로 당신에게 다음 공식이 성립된다.

잠자리에서 일어나기 + 운동복(기폭제) = 조깅

예를 들어 ADC 페스티벌에서 금상을 타는 것이 목표인 경우 기폭제는 그해의 우수한 작품들을 수록한 ADC 연감일 수 있다. 그것을 매일 아침 사무실 책상에 펴 놓는다. 여기에서 공식은 다음과 같을 것이다.

매일 아침 사무실로 출근 + 펼쳐둔 ADC 연감(기폭제) = 8시 50분부터 9시까지 ADC 페스티벌 수상작 살펴보기

따라서 기본 공식은 '일어난 일 + 기폭제 = 원하는 행동'이 된다. 여기에 보상 체계를 활용해 작업하면 계속해서 결과물을 향상할 수 있다. 우리는 다시 눈앞에 당근이 매달려 흔들거리는 상황에 놓인다. 예를 들어 아침 일찍 조깅하는 것에 대한 멋진 보상은 근사한 아침식사일 수 있다. 전날 저녁에 미리 먹음직스럽고 입맛을 돋우는 음식을 차려두는 것이 가장 좋다. 아침에 일어나 조깅하러 가라. 그런 다음 근사한 아침식사로 보상을 받아라.

우리가 명심할 내용을 요약하자면, 상황에 기폭제를 더하면 원하는 행동으로 이어지며 보상은 추가로 동기를 부여한다. 이를 공

식으로 표현하면 다음과 같다.

일어난 일 + 기폭제 = 원하는 행동, 보상을 통한 동기부여

ADC 페스티벌에서 금상을 타는 것이 목표인 경우 이미 목표 자체가 강력한 보상이지만, 유감스럽게도 그것은 먼 훗날의 일이다. 그러니 당신은 특히 작은 단계들을 달성할 때마다 보상해야 한다. 가능하면 실천하는 즉시! 그것이 욕구를 만들어내도록 돕는다. '해야만 해!' 대신 '하고 싶어!'라는 욕구가 생겨난다. 보상이 멀리 떨어져 있을수록 영향력은 약해진다. 즉시 받는 보상이 강력하고 효과적이다.

실천 계획의 과제들을 완료하고 체크 표시를 할 때마다 초콜릿으로 보상받는 것은 어떨까? 혹은 과제 다섯 개를 완료할 때마다 맛있는 요구르트를 먹는 것은? 과제 스무 개를 완료할 때마다 영화관에 가는 것은? 당신이 엄청 기대하는 영화가 막 상영을 시작했을 수도 있잖은가. 이런 욕구들을 이용하라. 욕구를 보상으로 삼아 당신의 과제에 연결하라. 하지만 보상을 얻기 위한 시간이 오래 걸릴수록 보상에 대한 매력은 더 약해지기 쉬우니 주의하라. 성과가 나올 때마다 곧바로 보상하는 것이 가장 좋다. 그에 대한 이상적인 실례가 조깅한 후 근사한 아침식사를 하는 것이다.

위에서 제시한 공식을 간단하게 요약하기 위해 '… 하면 … 한다' 문장을 이용하라. '… 하면' 부분에 기폭제를 쓰고 '… 한다' 부

분에 원하는 행동을 쓴다. 문장은 우리가 준수하는 규칙이나 법률처럼 작성된다. 몇 가지 예를 들어보겠다.

- 자명종이 울리면 나는 운동복을 입고 30분 동안 달린다.
- 매일 아침 책상 앞에 앉으면 그날의 계획을 살펴본다.
- 차에 타면 가장 먼저 안전띠를 맨다.
- 밤에 잠자리에 들면 30분 동안 책을 읽는다.
- 책상에 앉으면 훌륭한 해결책을 찾아내고서야 다시 일어선다.
- 음식점에 가면 늘 채소를 곁들인 생선 요리를 먹고 탄산이 들지 않은 생수를 주문한다.
- 슈퍼마켓에서 과자 진열대를 지나게 되면 과자를 집으려 멈추지 않고 계속 간다.

이 형식의 좋은 점은 당신이 원하는 행동에 대해 프로그램을 짤 수 있다는 것이다. 당신은 자신이 어떻게 행동하고 싶은지 차분하게 결정할 수 있다. 당신이 상상하는 행동을 메모지에 적어놓는 것이 가장 좋다. 규칙을 더 잘 기억할 수 있도록 가끔 메모지를 바라보라. 규칙을 충분히 오랫동안 지키다보면 형식은 습관으로 굳어진다.

변화를 이끌어내는 충격 요법

태도를 지속적으로 바꾸는 일은 어렵다. 새해 결심을 완전히 포기하고는 머리를 절레절레 흔들며 올해도 역시 해내지 못했다는 것을 깨달을 때마다 우리는 실제로 그것을 절실하게 느낀다. 자신을 바꾸는 일은 왜 그렇게 어려울까?

> 사람은 자기 인생이 익숙한 경로로
> 흘러가는 것을 좋아한다.
> 따라서 사람이 변하려면
> 지진과 같은 큰 충격이 필요하다.

그래도 요령이 하나 있기는 하다. 연구자들은 근본적 행동 변화가 가능하다는 사실을 밝혀냈다. 확실히 말하자면 병, 이혼, 사고, 실직, 친구의 갑작스러운 죽음 등 인생의 상황이 극단적으로 변할 때 가능하다. 그런 순간에 사람들은 자기 인생을 다시 새롭게 구성해야 한다. 그런 상황만큼 자신을 바꾸기 쉬운 때는 없다. 그렇다 하더라도 그것을 고대하거나 심지어 적극적으로 초래하고 싶어 하는 것은 말도 안 된다. 그런 일은 절대 없어야 한다! 하지만 특정한 사건을 극단적 체험으로 의식해보는 것은 흥미로운 실험이다. 이 실험에서 우리는 차분히 무언가를 과장해볼 수 있다.

우리는 당시에 극적으로 느껴지는 상황을 가끔 체험한다. 예를 들어 당신은 사무실에 30분 지각했다. 그런데 입구에서 첫 번째로 마주친 사람이 사장이다. 아이고, 그런 만남은 별로 좋은 인상을 남기지 못한다. 어쩌면 당신은 그 순간 자신에게 화가 나서 얼굴이 시뻘게진 채 부끄럽고 불안한 심정으로 두근거리는 심장을 붙잡고

죄 지은 듯 급히 자리로 갈지도 모른다. 어쩌면 결단코 다시는 인생에서 지각하는 일은 없을 거라고 맹세할지도 모른다. 그 순간 당신은 자신에게 그런 고통스러운 상황이 다시는 일어나지 말아야 한다는 것을 아주 확실하게 깨닫는다. 아니, 아주 확실하게는 아니다! 1주일 후면 이미 당신은 그 일을 잊어버릴지도 모른다. 어쩌다 그 일을 떠올리면 지각을 자신이 서툴러서 저지른 사소한 실수 정도로 기억할 것이다. 시시한 일, 이미 지나간 일로 말이다. 하지만 당신은 그 경험을 유익하게 이용할 수 있다.

- 당신이 체험한 것을 최대한 구체적으로 적어라.
- 될 수 있는 대로 많은 감각을 포함하라. 장면이 더 명확하게 묘사될수록 기억에 더 잘 남는다. 무엇을 보고, 듣고, 느끼고, 생각했는가? 무슨 냄새가 나고 어떤 맛이 났는가?
- 이 사건이 당신에게 어떤 감정을 불러일으키는가? 어떤 느낌이 드는가? 충격을 받았는가? 소금기둥처럼 굳어졌는가? 금방이라도 울음이 터질 것 같았는가? 느낌을 말로 표현해보라.
- 그 행동으로 당신이 얻어낸 결론은 무엇인가? 무엇을 왜 바꾸고 싶은가? 지금은 모든 게 분명하다고 생각되더라도 미래를 위해 기록을 작성하라. 몇 주가 지나 더는 잘 기억이 나지 않을 때 그런 짤막한 메모가 큰 도움이 된다. 그러니 아낌없이 적어라. 시간 여유를 갖고 천천히 하라.
- 당신이 어떤 목표를 왜 추구하는지 한 문장으로 만들어내라. 예를 들면 다음과 같다.

'내가 30분 지각하는 것을 사장이 보았을 때 나는 몹시 괴로운
상황을 경험했으므로 이제 나는 시간을 철저히 지키는 사람이다.
다시는 그런 일을 겪고 싶지 않다.'

- 생각에 절박함과 중요성을 더하기 위해 감정적이고 극적인 표현
을 선택하라. 목표를 이미 달성한 것처럼 표현하라('나는 시간을 철
저히 지키는 사람이 되고 싶다' 대신 '나는 이제 시간을 철저히 지키는 사람이다'
로).

습관 형성을 위한 4가지 팁

습관을 효과적으로 들일 수 있게 도와줄 정보를 여기에 몇 가지
더 소개한다.

- 간단한 습관은 빨리 몸에 밴다(실내화 신기, 외출할 때 항상 우산을 가지
고 나가기, 차에서 안전띠 매기 등).
- 습관이 복잡할수록 저절로 행해지기까지 더 오랜 시간이 걸린다.
- 완전히 새로운 습관을 습득하는 것이 오래된 습관을 바꾸는 것보
다 더 쉽다. 오래된 습관에는 변화가 필요하고 새로운 습관에는
연습이 필요한데 변화에 더 많은 노력이 들기 때문이다.
- 이미 오랫동안 있어온 습관을 없애는 것이 생긴 지 얼마 안 된
습관을 없애는 것보다 더 어렵다.

일과 삶의 균형을 맞춰라

목표를 정하고 그것을 완성하기 위해 최선을 다하는 것은 바람직한 모습이다. 하지만 어떤 일들은 반드시 스스로 시작해야 할 필요가 없는 것도 있다. 당신이 드디어 집을 흠잡을 데 없는 상태로 만들고 계속해서 깨끗이 유지하는 일을 시작하고자 한다면 직접 그 일과 씨름하지 않고 다른 이에게 위임하는 것도 괜찮다. 예를 들어 전문 청소 업체나 혹은(주거 공동체에 사는 경우) 동거인에게 위임하고 그 보답으로 당신은 세미나 리포트 작성을 도와준다. 혹은 배우자와 당신이 합의해서 배우자는 청소기 돌리기와 빨래를 맡고 당신은 장보기와 정원 손질을 맡는다. 달리 말해, 어떤 특정한 행동을 시작할 마음이 좀처럼 내키지 않는다면 대안을 구하는 것이 장기적으로 더 좋은 해결책일 수 있다.

> 내키지 않는 일을 하느라 고생하기보다
> 차라리 현명하게 일을 교환하거나
> 위임하는 편이 낫다.

누군가가 당신의 과제를 맡아주는 것에 대한 보답으로 당신도 무언가를 제공해야 한다는 것을 잊지 마라. 그렇게 일을 교환해서 양쪽 모두 더 좋아지는 경우가 실제로 자주 있다. 이 방법이 당신에게도 좋은 대안이 될 수 있을지 시도해보라.

휴식도 전략이다

일을 많이 하는 사람은 사회에서 신망이 높다. 다행히 지난 수년 간 정신적 탈진 상태를 일컫는 번아웃(Burn-out)은 영예가 아니고 전혀 추구할 만한 일도 아니라는 인식이 관철되었다. 내가 아는 동료 중에도 과로로 번아웃 상태에 빠져 거기서 벗어나느라 고생했던 사람들이 있다. 따라서 내가 해줄 수 있는 유일한 충고는 이 경험을 가급적 피하라는 것이다. 물론 무언가를 해내고자 하는 자세는 중요하다. 의욕을 갖고 야심차게 업무에 착수하는 것은 멋진 일이다. 하지만 자신의 모든 삶을 일에 맞추는 것은 어리석고 건강에도 좋지 않다. 차라리 일과 삶 사이에 균형을 찾아보라.

'카로시Karoshi'는 '과로사'를 뜻하는 일본어.
우리에게 이 말은
멈추는 법도 배워야 한다는 것을 뜻한다.

여기에 도움말과 주의 사항을 몇 가지 소개한다. 단, 그것들은 불변의 법칙이 아니라 당신에게 영감을 주기 위한 아이디어일 뿐이라는 점을 유념하라.

- 오늘 하고 싶은 일들이 적힌 실천 계획을 살펴보는 것으로 하루를 시작하라.
- 계획을 지나치게 많이 세우지 마라. 원래 계획했던 것보다 더 많은 양을 해냈을 때, 덜 해낸 것이 아니라 더 해냈을 때 기분이 좋은 법이다.
- 주기적으로 휴식을 취하라.
- 아무것도 정해져 있지 않은 시간대를 계획에 삽입하라. 여기에서 관건은 빈 시간을 의도적으로 계획에 넣는 것이다. 실제로 우리가 계획할 수 없는, 뜻하지 않은 일들이 계속해서 일어나기 때문이다. 예측할 수 없는 일들을 위해 일정표에 틈을 만들어두면 좋다. 아무 일도 일어나지 않으면 그 여유 시간으로 무엇을 시작할 수 있는지 당신은 분명히 알고 있을 것이다.
- 더 강도 높게 집중해서 일할수록 업무 시간은 더 짧아질 수 있다. 여덟 시간 동안 계속 딴생각을 하는 것보다 차라리 네 시간 동안 고도로 집중해서 업무에 몰두하는 것이 낫다.

- 취미를 위한 시간을 남겨놓아라. 반드시 취미를 계획에 넣어라. 일하느라고 당신의 사생활을 소모하지 마라.

- 휴가를 시간 낭비로 여기지 말고 장기적으로 건강을 유지하기 위해 필요한 수단으로 여겨라. 병이나 번아웃 상태에서 다시 빠져 나오는 일보다 건강을 유지하는 일이 더 쉽다는 것을 명심하라. 휴가는 건강과 마음의 안정에 투자하는 시간이다.

- 충분히 수면을 취하라. 수면시간이 7~8시간은 되어야 한다. 훨씬 더 많은 일을 해낼 수 있다는 유혹에 넘어가 잠을 줄이지 마라. 더 오래 일해야만 하는 상황을 피하지 못할 때도 가끔 있을 것이다. 습관이 되지 않는 한 그런 상황은 괜찮다. 잠은 회복을 의미한다. 잠을 통한 회복을 장기간 거부하는 사람은 건강과 능률에 해를 입게 된다. 간단히 말해, 잠을 희생하면 시간을 얻는다. 하지만 생활의 균형을 회복하려면 아마 몇 주 혹은 몇 달이 걸릴지 모른다.

- 외부에서 도움을 받아라. 당신이 일에 지나치게 빠져있으면 가족과 친구들이 귀중한 조언을 준다. 경청하는 법과 타인의 우려를 진지하게 받아들이는 법을 배워라. 걱정을 애써 무시하고 싶은 최초 반사작용을 극복하라. 그들이 당신에게 호의를 가지고 있다는 사실을 잊지 마라.

지금 당장 멈추는 기술

모든 시작은 어렵다. 하지만 일단 시작해서 적응이 되면 멈추는 것도 어려울 때가 많다. 일이 잘 진행 중인데 왜 갑자기 멈춰야 하는지 이해가 되지 않는가? 그렇다면 휴가는 시간 낭비가 아니라는 사실을 명심하라. 장기적으로 건강하고 한결같은 상태를 유지하기 위해 휴가가 필요하다. 바늘이 좌우로 왔다 갔다 할 수 있는 측정 장치를 상상해보라. 왼쪽 부분은 파란색이고 휴가를 나타낸다. 오른쪽 부분은 빨간색이고 일을 나타낸다. 당신이 일을 지나치게 많이 하면 바늘은 빨간색 부분으로 점점 더 많이 넘어간다. 그런 상태는 위험하다. 당신이 자발적으로 프로젝트 작업에 몰두해서 일을 멈추기 어렵다면 휴가도 그냥 당신의 건강을 지키기 위한 일로 여겨라.

자동차에는 정지 신호가 있지만,
일 중독자에게는 안타깝게도 정지 신호가 없다.

반면에 측정 장치에서 휴가가 우세해 보인다면 우리는 취미에만 몰두하는 삶이 전혀 추구할 가치가 없다는 것을 깨닫게 된다. 이럴 경우 당신은 일 쪽으로 방향을 틀어야 한다. 두 영역의 균형이 잘 맞아서 바늘이 일과 휴가의 중앙에 있는 것이 제일 좋다. 그렇게 되었다면 당신은 장기적으로 건강하고 만족스럽고 균형 잡힌 상태를 유지할 수 있는 최상의 전제조건을 마련한 셈이다.

포기하지 않는 기술

마지막으로 도움이 될 만한 견해를 몇 가지 더 소개하겠다. 끈기 있게 버텨라. 거의 다 왔다. 목표가 벌써 눈앞에 보인다!

이따금 삶이 실패, 불운, 실수로 가득 차 있을 때가 있다. 특히 결코 쉽게 달성되지 않을 무언가를 계획했을 때가 그렇다. 예를 들어 당신은 달리기를 시작하고 싶었지만 1주일밖에 버티지 못했다. 당신은 휴가에서 돋보일 수 있도록 무조건 이탈리아어를 배우고 싶었지만 1과를 끝낸 후 바로 포기해버렸다. 당신은 무슨 일이 있어도 훌륭한 요리사가 되고 싶었지만 3일 만에 체념했다. 시작은 열광적이고 희망으로 가득했다. 공중에 붕 뜬 기분이었다. 그리고는 현실이라는 바닥으로 곤두박질쳤다.

이런 상황을 어떻게 다루어야 할까? 어떻게 해야 며칠이라도 더 버틸 수 있을까? 굳은 결심, 실천 계획, 미래상, 이상 등 온갖 방법을 동원해 봐도 상황은 마찬가지다. 그럴 때는 다른 사람들의 상황도 다르지 않다는 사실에서 위안을 얻어라. 당신만 예외가 아니다. 사람은 누구나 실패를 극복하기 위해 노력한다. 왜 그럴까? 우리가 인간이기 때문이다. 인간은 완벽하지 않으며 실패도 인생의 일부다.

실패는 다음번에 더 많은 노력을 기울이게 만든다.

실패는 많은 성공담을 매력적으로 만들어준다. 할리우드 영화를 보면 영화 중간쯤에서 비참한 처지에 놓인 주인공을 발견하게 될 것이다. 그는 이미 패배해서 모든 것을 잃은 듯 보인다. 패배가 추한 낯짝을 드러낸다. 하지만 주인공은 변화를 이루어낸다. 내면의 변화를 경험한 주인공은 여행에서 무언가를 터득한 뒤 곧 닥쳐올 패배를 감지하고 그 상황을 마지막에 이용하거나 자신에게 유리하게 받아들인다. 이를 통해 주인공은 최후의 순간에 형세를 뒤집고 결국에는 성공을 이루어낸다.

이런 긴장감 조성이 없다면 이야기는 지루할 것이다. 어떤 도전에 직면한 주인공이 거침없이 나아가 아무 문제없이 승리한다고 상상해보라. 시시하지 않겠는가? 위협적인 실패와 자기 변화를 거쳐야 이야기가 긴장감 넘치고 흥미로워진다.

당신의 경우도 매우 비슷하다. 누구나 그렇듯이 당신도 가끔 실패한다. 하지만 실패를 거쳐야만 극적인 성공을 체험할 수 있다.

패배의 쓰라림을 알아야 승리의 달콤함도 안다. 다시 일어서기만 한다면 넘어지는 것도 나쁘지 않다. 따라서 자기 자신에게 너그러워라. 절대로 자신을 질책하지 마라. 자신을 너무 심하게 닦달하지 마라. 자신을 괴롭히면 조금도 전진하지 못한다. 패배를 받아들이고 그것에서 교훈을 얻어 다음번에 더 잘하려고 노력하라. 절대로 포기하지 마라. 알베르트 아인슈타인은 이렇게 말했다. "포기하지 않는 한 당신은 결코 실패하지 않는다."

실패 없이는 발전도 없다

간단한 연습을 한 가지 해보자. 살면서 처음에는 실패했다가 이후에 그 일을 해낸 적이 있는지 자문해보라. 당신은 낙제한 적이 있는가? 시험에 떨어졌지만, 두 번째 시도에서 합격한 적이 있는가? 혹은 테니스 시합에서 누군가에게 계속 지기만 하다가 어느 날 이겨본 적이 있는가? 곰곰이 생각해보라. 틀림없이 떠오르는 일이 있을 것이다.

실패는 멋지다.
그것은 우리가 도전했다는 증거이기 때문이다.

당신의 프로젝트도 마찬가지일 것이다. 당신은 도전에 직면했다. 쉽다면 그것은 도전이 아닐 것이다. 따라서 처음에 어려움을 겪는 것은 지극히 정상이다. 현실을 외면하지 말고 문제와 함께 성장하고 변화하면서 계속해서 문제를 해결하려고 시도하라.

실패에 대한 '플랜B' 전략

1주일에 세 번 운동하러 가고 싶은데 두 번째 계획한 날에 운동을 빠지게 되어 자신에게 화가 나는가? 괜찮다. 아직 희망은 있다. 그럴 경우를 대비해 '플랜B'를 준비하라. 플랜B는 실패를 만회하기 위한 대안이다. 이 경우에 당신은 그냥 다음 날에 운동하러 간 다음 세 번째 날에 출석하면 된다.

다른 예를 들어보자. 당신은 스페인어를 배우고 싶다. 그런데 취약한 부분을 마치고 나니 이제 실천 계획에서 어휘 140개가 뒤처져버렸다. 괜찮다. 아직 희망은 있다. 그럼에도 불구하고 공부를 끝까지 해내겠다는 각오에서 동기를 부여받아라. 어휘를 보충하기 위해 새로운 실천 계획을 세워라. 자신에게 과도한 부담이 되게 계획을 세우는 실수는 범하지 마라. 그런 계획은 당신을 또 다시 실패하게 하고 결국 의욕을 잃게 할 뿐이다. 차라리 시간의 힘을 이용하라. 어휘 140개를 14일로 나눠라. 그리고 하루에 어휘 10개를 추가로 공부하라. 이 실천 계획은 현실적이고 실행 가능해 보인다. 멋지다! 14일 후 당신이 처음 계획을 모두 만회하고 나면 어느 순간 취약한 부분이 전혀 없었던 것 같은 상태가 된다. 따라서 플랜B가 주효한 덕분에 당신은 다시 성공 가도를 달리게 된다.

| 실패에 직면하거든 정면으로 들이받아라.

    이 전략에서 분명하게 알아두어야 할 점은 우리도(미루는 습관처럼) 절대로 포기하면 안 된다는 것이다. 실제로 패했거나 최소한 그렇게 보이는 경우에도 포기해서는 안 된다. 상황이 아무리 불리해도 상관없다. 그것이 백기를 게양하고 양손을 들어 미루는 습관에게 항복할 이유는 되지 않는다. 페르디낭 포슈가 이런 태도를 가장 잘 표현했는지도 모르겠다. 제1차 세계대전 당시 연합군의 대원수였던 그는 자신에게 닥친 실패의 순간 앞에서 다음과 같이 말했다. "나의 중앙 군대는 무너지고 우측 군대는 철수 중이니 지금이야말로 최고의 출발점이다. 나는 공격한다."

끝은 곧 새로운 시작이다

이 책의 끝은 당신에게 새로운 시작일 수 있다. 시작과 끝은 절대 떨어져 있는 것이 아니다. 이제부터 당신이 시작을 더 쉽게 여길 수 있기를 바란다. 그리고 새로운 것들을 실험하거나 다른 관점에서 숙고해볼 수 있도록 영감을 받았기를 바란다. 자, 이제 시작해보자. 그것도 지금 당장! 당신의 계획이 무엇이든 간에 당신은 이제 시작할 수 있다!

끝으로 이 책에 관심을 가져준 독자들에게 진심어린 감사를 전한다. 책을 읽기 시작해 마지막 쪽까지 오다니 당신은 정말로 멋지다. 내가 원고를 쓰기 시작해 끝까지 마칠 수 있도록 지원을 아끼지 않은 라인베르크 출판사 편집장 루트 라레스와 모든 팀원에게도 감사의 뜻을 표한다. 그리고 늘 곁에서 영감을 주고 동기를 부여해준 안나에게도 고마움을 전한다.